平凡社新書
942

地下鉄の駅はものすごい

渡部史絵
WATANABE SHIE

HEIBONSHA

地下鉄の駅はものすごい●目次

はじめに――こんなにすごい地下鉄の駅

ＩＣカードが普及した現在では、切符や磁気定期券などを購入する機会は極端に減ったうえ、都市部では自動改札がほとんどである。鉄道に興味がない利用者にとっては、駅の役割をあらためて考えることは稀《まれ》なのではないだろうか。

かつての駅には、自動券売機も自動改札もなかったので、乗車券などを発売する出札窓口や乗車券を確認する有人の改札口があり、切符や回数券に鋏《はさみ》を入れていた。このほか精算窓口など、現在以上に、駅務掛《えきむがかり》の仕事は実に多種多様であった。

こうした業務内容の自動化などによって駅の様子も大きく変化したが、我々が鉄道を利用する際は、必ず駅を通らなくてはならないのは現在も変わらない。言わば入口となる駅は鉄道の顔であり、その顔には様々な表情がある。

古くは辰野金吾《たつのきんご》氏が設計した東京駅はその代表格であるが、現代でも日本を代表する建築家の隈研吾《くまけんご》氏が京王電鉄の高尾山口駅をデザインするなど、各事業者ごとに駅の所在する地域に合わせて工夫しているケースが多く見られる。

駅のデザインや構造などは、街の風景や雰囲気を左右する重要なポイントだ。地上にある駅のみに限らず地下鉄においても、このような考えは古くから取り入れられており、とかく閉鎖的になりがちな地下空間に工夫や大胆な設計を凝らしていた。

今回はそうした地下鉄の駅のデザインをはじめ、構造や設計などにスポットライトをあてて、地下鉄の駅の魅力に迫ってみよう。近年では東京メトロ・副都心線や都営地下鉄・大江戸線開業の際に、各駅に工夫を凝らした先進的なデザイン・構造が見られたが、過去はどうであったのか。

過去から現在にかけて、大きく変わった駅を中心に見ていくことで、未来の駅のあり方を探りたい。

読む前に、知っておきたい豆知識

1――掘削工法〈開削工法〉と〈シールド工法〉

地下鉄のトンネルを建設する方法として、古くから一般的に行われていた建設方法が、開《かい》削《さく》工《こう》法《ほう》である。

地盤に直接地上から下方へ掘削してトンネルなどの構造物を建設する工法で、掘削した場所に構造物を設置した後、埋め戻しを行い、地上部分（道路など）を復旧させて工事を完了させる。

銀座線などの地上から浅い場所にトンネルを建設する場合などに用いられていたが、掘削中は地上部分の立ち退きや通行止めなどの処置を行わなくてはならな

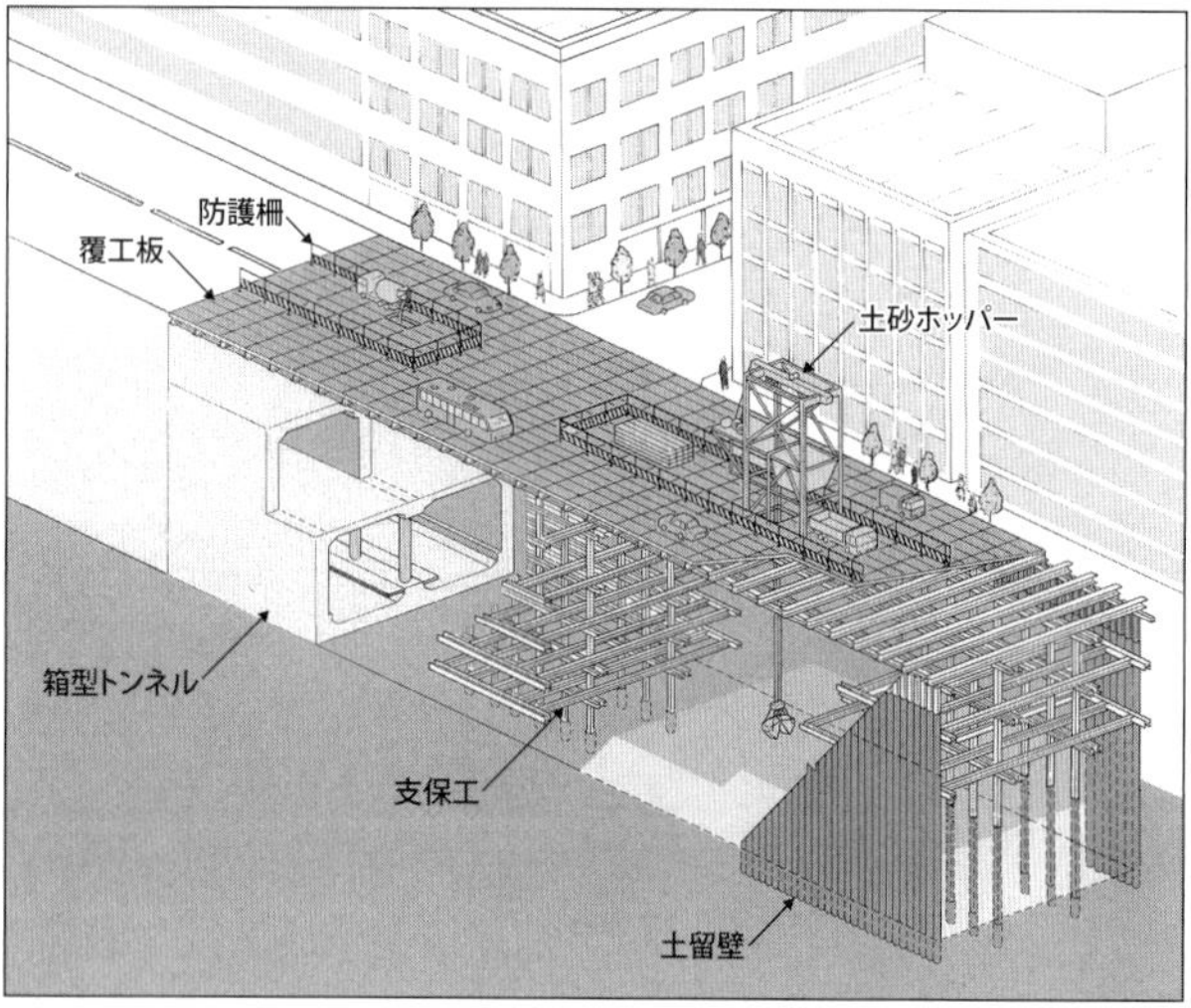

開削工法による駅の工事：（『地下鉄の建設工法』営団地下鉄より）

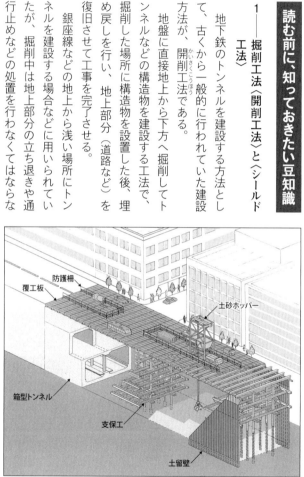

穴の内側はコンクリートブロックで覆われ、トンネルが完成する（『地下鉄の建設工法』営団地下鉄より）

下：シールドトンネルによる駅間工事

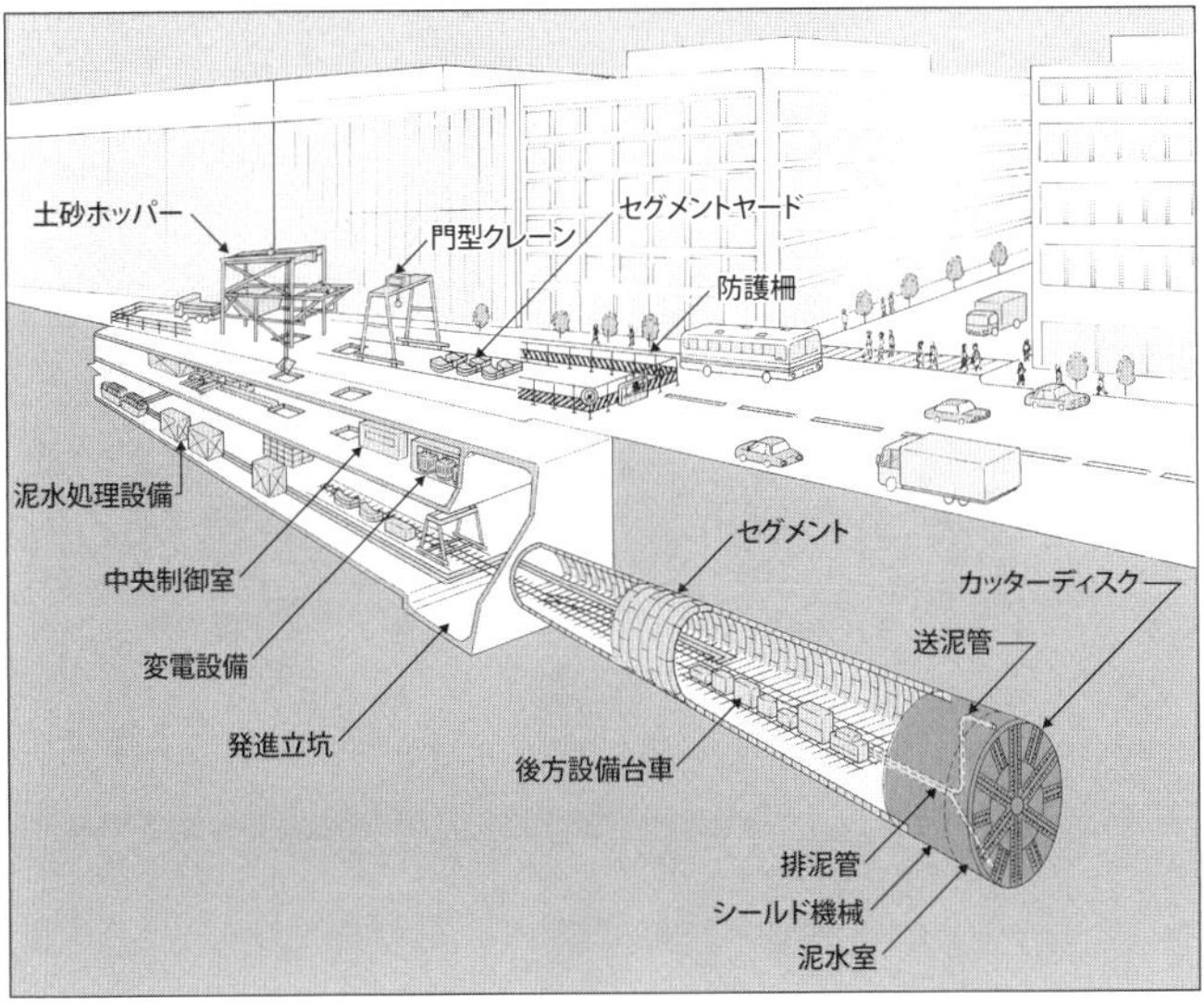

いため、周辺に大きな影響を与えてしまうことがある。

現代の工法であるシールド工法は、シールドマシン（掘削《くっさく》機）を地中に埋め込み、掘り進めていく工法で、１日に約10ｍ進む。

掘削機を投入する部分は地上から掘削するが、その後は地中を移動しながら掘り進めるので、地上の構造物や交通にあまり影響を与えないで済む。

また、密閉された地下区間を掘り進めるため、騒音も防げる。

現代の地下鉄建設は、主にこの工法が用いられている。掘削機は円筒形で、円の直径は、そのまま完成した時のトンネルの大きさとなる（単線用約３・９ｍ、複線用９・８ｍ）。

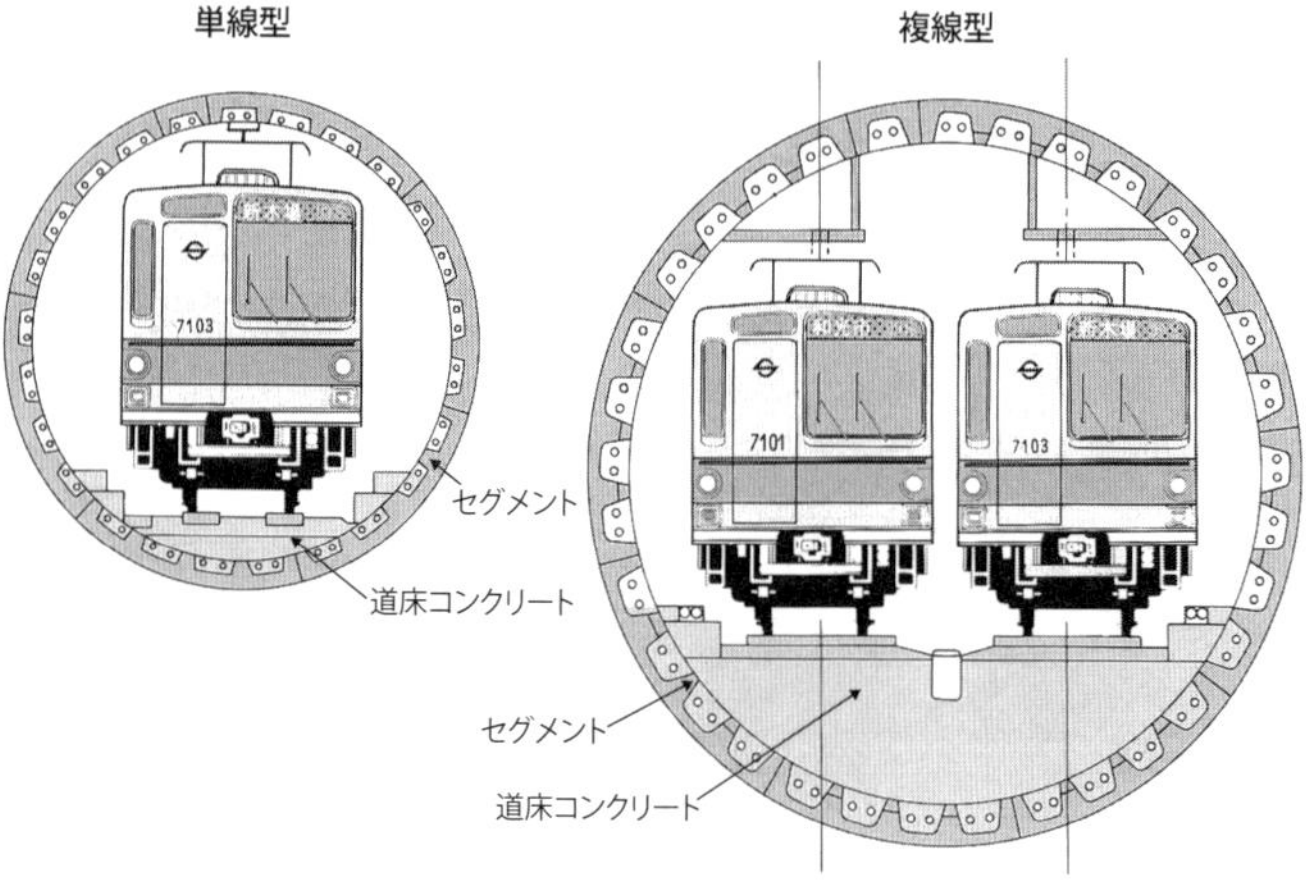

左は一本のトンネルを一列の電車が走る「単線型シールドトンネル」。右は複線型：（『地下鉄の建設工法』営団地下鉄より）

世界初、三連シールド工法（側部先行中央振動型）で施工した半蔵門線・清澄白河駅部の工事（平成13年）：地下鉄博物館提供

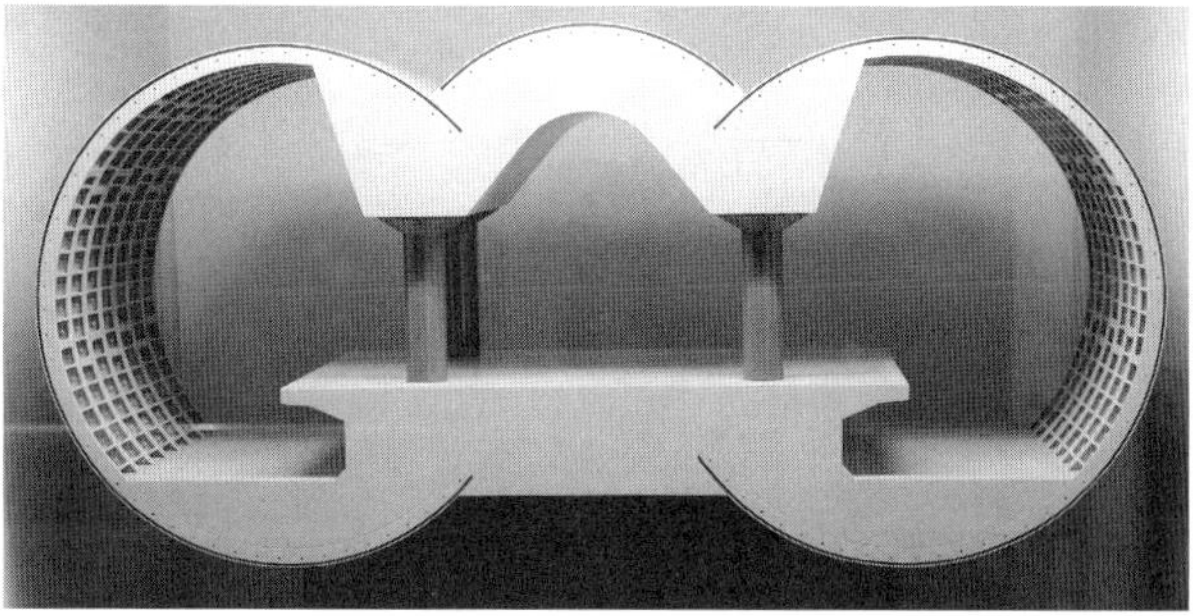

11号線（半蔵門線）・永田町駅のメガネシールド模型。中央がホーム、両脇が線路：地下鉄博物館提供

南北線・永田町駅のシールド工事（平成７年）：地下鉄博物館提供

南北線・永田町駅
ホーム：GOXZ7

東京の地下鉄で初めての島式ホーム、銀座線・神田駅：結解学撮影（以下、クレジット表記のないものは結解氏撮影）

2——島式ホームって？

鉄道のプラットホームは、その土地の状況や線路の配置によって様々な形をしている。

「島式ホーム」というのは2本の線路（例えばA線とB線）の間にホームがあるというもの。ホーム自体は、2本の線路分をひとつのホームでまかなうことができるので、東京メトロ銀座線の神田駅など、多くの鉄道路線で使用されている。

1本の線路に対してひとつのホームは「単式ホーム」と呼ばれている。主にローカル線などに多く使われているが、東京メトロでは

相対式ホームの東西線・葛西駅

千代田線の北綾瀬《きたあやせ》駅のホームが該当する。

ちなみにA線とB線の線路を2本のホームで挟んでいる形は、「相対式《そうたいしき》ホーム」と呼ばれている。東西線の葛西駅や銀座線の浅草駅などがある。

3——上り下りと言わない東京の地下鉄

日本の一般の鉄道路線は、東京に向かう方が「上り」、東京（起点）から離れる方が「下り」（終点）と言われている。東京の地下鉄の場合は、全ての駅が都内にあることが多いので、上り下りという意味合いを「A線」（起点から終点方向）「B線」（終点から起点方向）という言葉で表現している。

東京メトロ編

工事中の銀座線・渋谷駅（令和元年６月）：東京メトロ提供

第1章　駅の始まり〜現在

昭和2年、東洋初の地下鉄駅

本章では、各線の代表的な駅を中心に開業から工事完了後の改良をみていきたい。まずは東洋初の地下鉄・銀座線開業からみてみよう。

東洋初の地下鉄として建設された浅草駅〜上野駅間（2・2km）は、現在の東京メトロ銀座線の原型である。

この昭和2年12月30日の開業によって、浅草駅、田原町駅、稲荷町駅、上野駅が誕生している。この4駅は線路部とホーム部では掘削に段差がつけられ、資材や掘削量を最小限にした構造で、上・下線（地下鉄ではA線・B線と呼んでいる）を挟む形でホームが備え付けられた。いわゆる「相対式《そうたいしき》ホーム（上下の線路を挟んで設けられる旅客ホーム）」になっている。東洋初の地下鉄駅建設ということで、慎重に工事が進められたようだ。

都営浅草線（1号線）開業式写真：東京都提供

初めての地下鉄工事をのぞく人々（大正15年）：地下鉄博物館提供

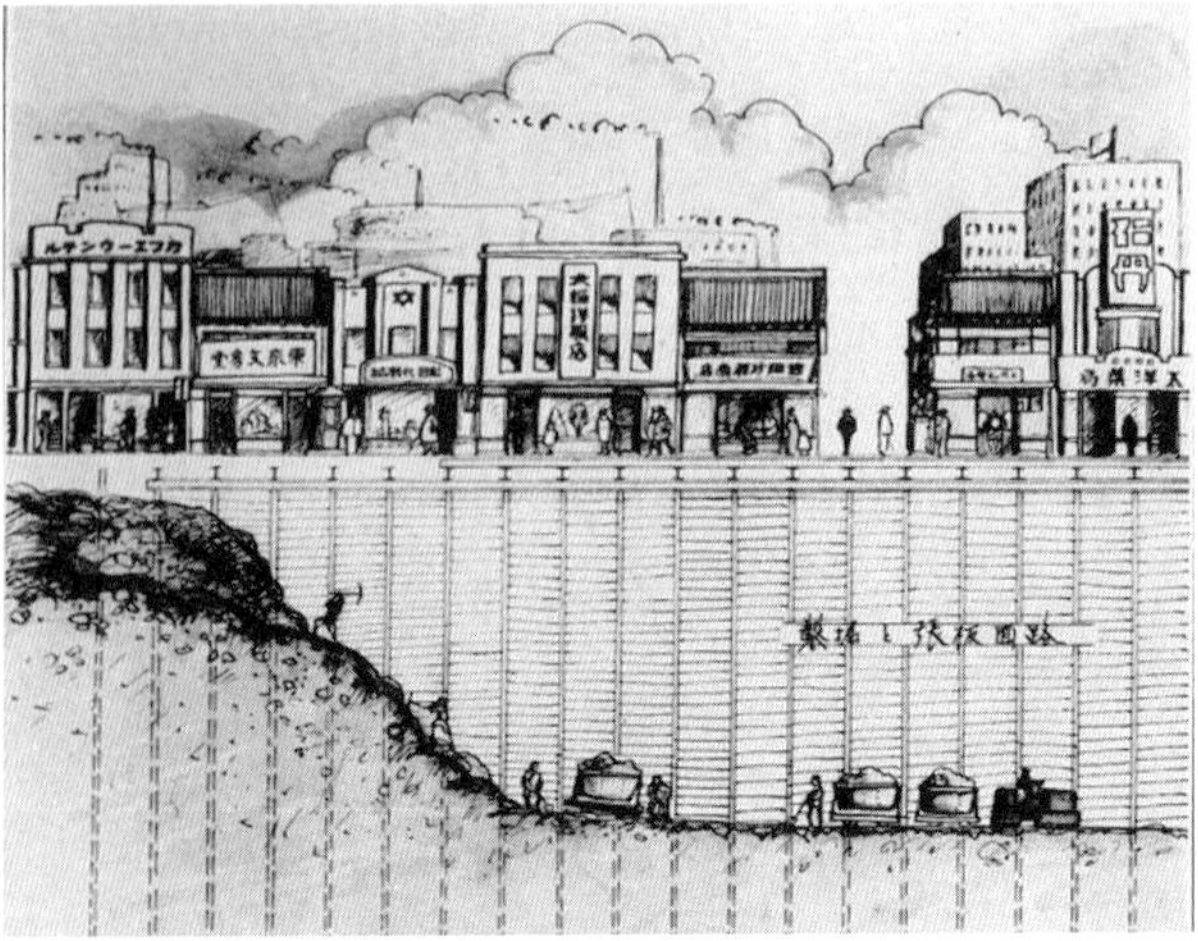

地下鉄建設工事のイラスト：地下鉄博物館提供

人力でトンネルを素掘り

上のイラストによると、駅と駅の間のトンネルの建設は、地上からトンネル幅の鉄鋼を打ち、そこを素掘りしていくというもの。当時は大きなシールドマシン（トンネル掘削機）などは存在しておらず、人海戦術でツルハシを持って素掘りしていく様子がわかる。完成した地下鉄駅は効率性に満ちていた。

まず、人力での素掘り作業のため、できるだけスペースを節約した構造であり、ホーム上と軌道《きどう》部分に段差を設けたことで、掘削作業の効率化を図っている。支柱はH鉄鋼を採用し、リベット（対象物に穴を開けピンを通し両側を潰して固定する方法）がむき出しになっ

開業時の浅草駅の出入口：地下鉄博物館提供

現在の浅草駅の出入口

ている状態だ。

このデザインは当時のベルリンの地下鉄を参考にしたものと言われており、デザインよりも機能性に重点を置いた設計と思われたが、90年後の現在に至っては、それが「アート」に見えてしまうのが面白い。

なお、現在も残る浅草駅の「4番出入口」には浅草寺をイメージした屋根を設置した建物「通称：赤門」がある。朱色に塗られた柱といい屋根といい目立つ存在で、これもまた開業当時から残る「遺産」となっている。

また、東洋初の地下鉄が開業となった昭和2年12月30日には、新しい物好きの多くの「江戸っ子」が集まって大変混雑した。中でも注目を浴びていたのが、自動改札機である。

ターンスタイルの自動改札機：地下鉄博物館提供

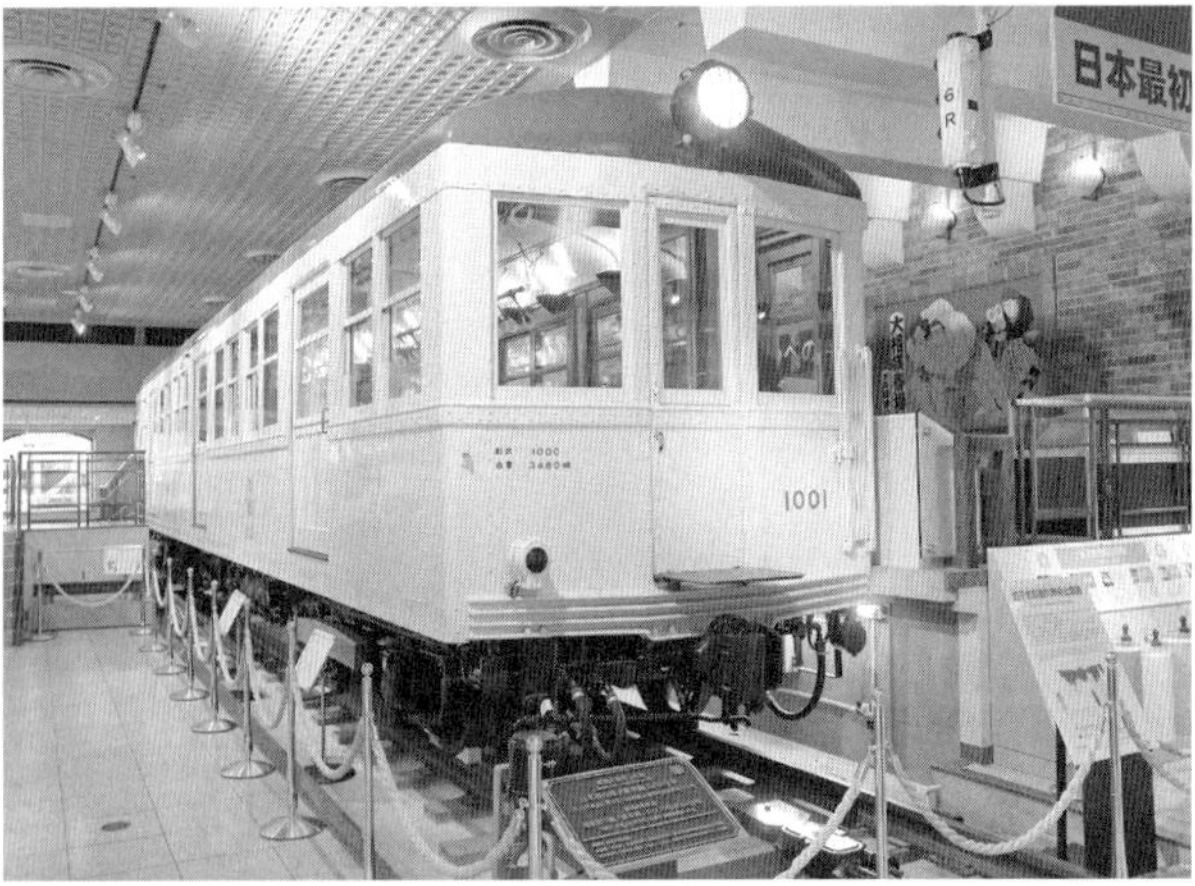

旧1000形車両

よく遊園地の入口にあった「ターンスタイルの自動改札機」で、運賃は全線（上野駅〜浅草駅間）で10銭と統一されていたために、この方式が取られた。

駅構内へ入るには10銭コインを入れてバーを両手で回すというもの。「10銭をチンと入れてチョイと棒を回すと構内に入れる。切符なんてものはいらねえ」などと、利用者からは好評であった。この「ターンスタイルの自動改札機」は東西線・葛西駅の高架下に建設された「地下鉄博物館」で、当時の車両（１０００形１００１号車）とともにレプリカが展示されている。コインを入れてバーを回すところまで表現されたこだわりの展示物である。

車両の展示場も当時の上野駅のホームを再現しており、駅名表示「うへの」という文字や、浅草駅真上に建設された「地下鉄ストア」の広告も再現されている。ぜひ一度ご覧いただきたい。

地下鉄ストアは、浅草で地下鉄直営の食堂として開業したのが始まりで、その後日用品も置くストアに発展し、昭和５年に上野駅やのちには神田駅にも建設された商業施設である。

話を開業当時に戻すが、全長２・２㎞という短い乗車区間でありながら、浅草駅と上野駅の入口には長蛇の列ができ、非常に好評であった。

あまりに長い列ができたため、人々の中には、途中駅の「田原町駅」や「稲荷町駅」まで歩いてから乗車したものもいたらしい。いつの時代も世知にたけた「江戸っ子」はいるもので、当時の地下鉄がすんなり受け入れられたのも、こういった文化が、この地に根づいていたからと言っても過言ではない。

現在の銀座線

東洋初の地下鉄誕生から90年余り経った。日本の人口は少子高齢化が進むも、東京都心部ではまだまだ伸びている。地方から仕事や利便性を求めて集まる人が多く、首都集中型となっているからだ。

戦後の高度成長期以来、都心部を走る地下鉄への需要が増えてゆき、当時の営団地下鉄も怒濤のように路線を建設していった。

日比谷線のセミステンレス車体を持った3000系や、省エネに特化した千代田線の6000系など、新線が開業するたびに、車両に変化は見られたが、駅に関して大きな変貌が表れたのは、平成3年に開業した南北線であった。

ホームドア設置当初の南北線・飯田橋駅（平成８年）：地下鉄博物館提供

21世紀へ向けた地下鉄として、既成概念にとらわれず、天井まで完全にホームを覆う「フルスクリーンタイプ」のホームドアを採用したことは、のちに開業する都市鉄道の駅に大きな影響を与えた。

一方、戦前に開業した「東洋初の地下鉄」の銀座線は、車両は更新されたものの、駅や施設は安全である限りそのまま使用されてきたものが多い。21世紀になり、当時の営団地下鉄が民営化され「東京メトロ」となった際に、運行を含む駅施設面でも徐々に新風が吹くようになってきた。

「銀座線をフルリニューアルする」、そんな声が聞こえ始めたのは、世間が東京五輪の準備に対して本腰を入れ始めた平成29年末の「東洋地下鉄誕生90周年」を迎えた頃であった。

ホームドアの設置や新型車両１０００系の登場は

もちろん、駅そのものを大幅にリニューアルするというものである。銀座線は浅草駅を起点に日本橋駅・銀座駅・新橋駅・青山一丁目駅を経由し、渋谷駅に至る路線だ。

沿線は下町エリア・商業エリア・ビジネスエリア・トレンドエリアとテーマを形成し、それぞれのイメージに合わせてデザインしていく。

デザインの選考には、エリアごとに「コンペ」が行われ、応募作品の中から決定したものが採用されている。全線にわたり、駅のデザインがコンペによって決定することは今までにない画期的な試みと言えるだろう。

中でも渋谷駅では、大改良工事が行われている。

令和元年12月までの渋谷駅は、東急百貨店渋谷駅・東横店の3階にホームが設置されていた。到着した列車は一度、引上線（折り返し等のために、一時的に列車を引きこんでおくための線路）まで回送し、分岐器（ポイント・進路を転換する装置）を渡って浅草行きのホームに着くという方法をとっていた。駅自体は、昭和13年に建設した大変古いもので、ホームの幅が狭いため安全面でも不安がある。

また、高度成長期には輸送力増強で列車の編成や本数も増え、非常に煩雑な駅となった。のちに開業した半蔵門線の乗り換えも、同一会社線でありながら、一度改札を出て階段を

工事中の銀座線・渋谷駅：東京メトロ提供

使って地上まで降り、さらに地下へと階段を降りて乗り換えなければならないため、極めて不便な駅となってしまった。

銀座線のホームは百貨店の中に設置しているため、営団地下鉄時代でもなかなか改良のための改築ができなかったこともうなずける。今回の銀座線のリニューアルのメインは、この渋谷駅の抜本的な改良と言っても過言ではないだろう。

渋谷駅のリニューアルが完了するのは令和3年度だが、先駆けて令和2年1月3日から、以前のJR渋谷駅寄りにあったホームが表参道駅寄りに移設され、面積が広く安全で、利便性の高いホームドア付きの島式ホームとなった。

ホーム上から天井を見ると、恐竜の背骨のよ

リニューアル後の渋谷駅：東京メトロ提供

うに鉄骨が連なった上屋だとわかる。最終的にどのような「銀座線・渋谷駅」がお見目えするのか、とても楽しみだ。

ホーム増設で遅延を抑える（東西線・南砂町駅）

池袋駅〜渋谷駅間が開通し、平成20年6月の副都心線の全線開業をもって、東京メトロによる地下鉄建設は、ひとまず終了した。

現在の東京メトロは、これまで建設した自社9路線の運営の充実と改良をメインとして事業を進めている。これらの路線には課題となっている点がいくつかあり、円滑な運行とよりきめ細かい事業を展開できるようにするためだ。

営団が4番目に建設した東西線は、千葉県の西船橋駅と東京の中野駅を東西に結ぶ路線である。

国鉄（現在のＪＲ）中央・総武緩行線のバイパス的な役割を目的として開業した。昭和39年開業当時の東西線が走る西船橋駅から葛西駅付近は、現在のような都心へ通勤する人のためのベッドタウンではなく、塩田ばかりの風景で東陽町駅までは利用者数の少ない区間であった。

しかし、次第にマンションが建ち並び、あっという間に多くの人が利用する駅へと変貌したのだ。急速に人口が増え始め、東西線の利用者が一気に増えると、７両編成だった列車はやがて10両編成となり、運行本数も飛躍的に増加した。

ついには、快速通過駅だった浦安駅も、終日にわたって快速列車が停車するようになり、近年では妙典《みようでん》の車両基地から発車した列車が浦安駅まで回送され、そこから始発列車として運行を始めるダイヤまでできたほどだ。

ラッシュ時間帯の混雑率も全国一位（１９９％〔平成30年〕）で、東京メトロでは乗降時間を短縮させる目的で、幅広のワイド・ドア車両を導入したり、ラッシュ時間帯をずらして混雑を分散化させるキャンペーンも行っている。いずれも一定の効果はあるものの、依然混雑率は高く、さらなる解決策の一つとして、南砂町駅（千葉県）を改良することを打ち出した。

工事中の南砂町駅の様子

改良後の南砂町駅ホーム：東京メトロ提供

現在は、ホームの両側にA線（西船橋方面）、B線（中野方面）一本ずつの線路が引かれており、島式ホーム一面・線路二線である。同一方向の列車が交互に発着することが可能になるように、島式ホーム二面・線路三線に拡大し、南砂町駅で相互発着を可能にする。後続の列車を駅外で待機させ、遅延を抑制をすることで、ホーム上の混雑緩和が期待できる。

　すでに営業している運行中の駅を掘削して線路とホームを新設するという大掛かりなもので、

「前代未聞」の工事であるのは間違いない。大林組・前田建設工業・西武建設JV（ジョイントベンチャー）などが施工し、総事業費は340億円を超えるといわれている。工事期間も長いため、利用者や沿線住民の理解と協力が必要不可欠である。

なお、南砂町駅「2a出口」を出たところに、工事インフォメーションセンター「メトロ・スナチカ」が設けられ、工事の様子をわかりやすく紹介したコーナーがあり、さらに東西線の情報を知ることができる。南砂町駅の供用開始は令和9年度を予定している。完成後の東西線ダイヤ改正にも、今から注目したいところだ。

膜屋根で太陽光発電（千代田線・北綾瀬駅）

最近、東京メトロの路線の中で話題になったのが、千代田線の綾瀬駅〜北綾瀬駅間だ。この路線は元々、北綾瀬駅の先にある綾瀬車両基地（足立区）から綾瀬駅への入出庫のために建設された路線で、別名は「北綾瀬支線」と呼ばれている。

千代田線が綾瀬駅から代々木上原駅まで全線開通した昭和53年には、北綾瀬駅は開業しておらず、車両基地手前の信号所としての役割しかなかったのだ。この信号所が北綾瀬駅として運用を始めたのは、この地に車両基地を確保する条件として、周辺住民の利便性向

北綾瀬駅屋上に設置されたソーラーパネル

上が求められたからであった。

また、千代田線の開業を待たずとして、周辺の宅地開発が進み、需要が増えると予想されたこともある。昭和54年12月20日に、住民の悲願である「北綾瀬駅」が開業し、綾瀬駅〜北綾瀬駅間の旅客運用が始まった。

以降、長きにわたって、支線運用の3両編成の短い列車しか走ることはなかったが、平成31年3月に綾瀬駅から先の代々木上原方面への直通運行が開始され、10両編成の本線用列車が乗り入れるようになった。

利便性が飛躍的に上がり、大手町のようなビジネス街から「北綾瀬」という行き先を掲げた列車がこの駅に来るようになった。つい最近まで支線扱いの駅だった北綾瀬駅では様々な実験が行われたことも有名な話で、駅のデザインは東西線の地上区間にあるような単式ホームだが、太陽光発電パネル（ソーラーパネル）を設置し、ホームの電力システムをまかなっているのはとても珍しい事例である。

平成20年9月から運用を開始している太陽光発電の効果は、「晴天時には最大20kWの電力を供給することができ、約１９０００kWh／年の電力削減が見込まれる」とのこと（東京メトロ、２００８年9月8日ニュースリリース）。

ホーム上には電力量の表示装置を設置し、利用者がリアルタイムでの発電状況を確認できる。駅のホーム上屋に太陽光パネルが設置されたスタイルは、構造物のデザイン観点上からみても近未来的に感じることは間違いないだろう。

なお、10両編成の列車が発着するに伴い、ホーム延伸の工事も行われたが、ホームそのものの改良も行われた。ホーム上の上屋として新しく設置されたのは「膜屋根」である。

膜屋根とは軽量で柔軟な素材である「膜材」を使用したもの。一般のトタンや金属屋根に比べて、比較的自由なデザインでの設置が可能である。また工期も短く済むことから、コストダウンにも貢献できる。

この膜屋根は最近、他の私鉄の駅でも見られるようになったが、東京メトロでは平成24

膜屋根の北綾瀬駅ホーム

年にリニューアルされた、南行徳駅が初である。

東京メトロ一の深さ（国会議事堂前駅・大手町駅）

千代田線の「国会議事堂前駅」は、昭和47年10月20日、霞ケ関駅～代々木公園駅の開業時に誕生した。千代田線開業前の昭和34年に丸ノ内線が開業しているため、千代田線のホームは丸ノ内線よりさらに深い位置に建設され、地上から約38m（地下6階相当）にもおよぶ。これは東京メトロの路線の中でも一番深い場所にあたる。国会議事堂というその特殊性のある土地柄から、防犯上そのような構造になったものだとうかがえる。

建設にあたっては、「単線シールド工法」（12ページ参照）と呼ばれるシールドマシンで、A線・B線の軌道を掘削し、ホーム同士を通路でつないだ。開業から40年以上が経過し、リニューアルの時期が迫っていたことから、水漏れなどの補修工事とともに改良工事も行われた。

東京メトロが行う駅のリニューアルコンセプトは、「誰もが安心して快適に利用できる駅」、「日常の気持ちに変化を与える駅」、「地域や街に活力をもたらす駅」、「東京のアイデンティティを発信する駅」、「持続可能な社会を与える環境に優しい駅」と五つのデザイン理念を打ち出している。

千代田線の国会議事堂前駅はその名の通り「国会議事堂」をモチーフとしており、プラットホームの壁には、議事堂内の内装材や装飾をイメージした彫刻が印刷されたシートが用いられ、重厚で上品な印象を与えている。

軌道側の壁には、石材が利用されたレイアウトで、国の中枢を担う国会議事堂の最寄り駅という圧倒的な存在感がある。元々深い位置にある駅なだけに、大きな柱や厚い壁などが使われしっかりとした造りだ。その分、上品な壁のデザインが趣のある良い印象になっている。

「大手町駅」は、東京メトロの路線の中でも重要なターミナル駅のひとつであり、丸ノ内線・東西線・千代田線・半蔵門線と東京メトロが4路線。都営地下鉄・三田線も合わせる

千代田線・国会議事堂前駅

リニューアルされた東西線・大手町駅ホーム

と、5路線が乗り入れている。かつては運輸指令所（列車の運行状況や旅客状況を把握し管理する）の一部があったというのだから、運行面でも重要な駅である。

東京メトロは大手町駅を統一したデザインにしつつ、乗り換えなどで利用者がわかりやすいように、路線ごとに異なるイメージを演出している。

丸ノ内線は東京駅周辺の建物に多く見られる煉瓦《れんが》を使用し、歴史と趣ある雰囲気を演出。東西線はGRC（ガラス繊維補強セメント）を使用し、高層ビルに映り込む入道雲をイメージ。千代田線は、壁に木目調の素材を使用し、皇居など都市の中の自然と木のぬくもりを演出している。

半蔵門線は比較的新しい設備のため大規模な工事は行わず、他路線と合わせたデザインの壁に補修している。いずれの路線もホームドアの導入が進められており、安全性の向上につなげている。

シールドトンネルのデザイン

銀座線開業から日比谷線建設までは、主に地上から地面を掘り進め、完成したのち地上の設備を復旧させる「開削工法」が採用されていた。

しかし、この工法では工事期間中の地上の環境に影響を与えることが多く（交通規制・騒音など）、それが原因で住民とのトラブルに至ることもあった。そこで、東西線の建設から徐々に始まったのが「シールド掘削工法」である。

この方法はシールドマシンというトンネルを掘り進める円筒形の機械を地下に搬入し、予定の経路を掘り進んでいくというもの。この工法ならば、掘削機を搬入する地下入口だけ地上から掘削してマシンを搬入し、あとは地上への影響なく地面の下を掘り進められるというわけだ。

このシールドマシンは掘り進めるだけではなく、掘った場所をジャッキで押さえ、セグメントと呼ばれるコンクリートでできたトンネルの壁材を組み立てながら進んでいくので、掘削すると同時に完成されたトンネルが伸びていくということになる。

そのため、駅の施設などもシールドマシンが通った跡がそのままデザインに生かされることが多く、後年に開業した地下鉄のホーム壁がチューブ内のようになっているのはその理由からだ。有楽町線の「永田町駅」は、掘削深も深く、国会議事堂などの国の重要な施設が多い理由から駅を含めた長い区間をシールド掘削工法で建設している。

工事の際はまず、A線・B線の列車が通るトンネルを2本掘削してから真ん中のホーム

半蔵門線・錦糸町駅付近のシールド工法のトンネル：The RW place（CC BY-SA 3.0）

シールドで掘られた（ルーフ・シールド）メガネシールド駅。有楽町線・永田町駅ホーム

千代田線・新御茶ノ水駅ホーム

部分を掘削した。そのため、ホームのデザインもチューブの中にいるような形状になっており、当時としては近代的なデザインに思える。

この頃の地下鉄建設では、駅や設備などにこだわり、デザインに力を入れることはあまりなかったが、それが今では「機能美」につながっているように見える。

有楽町線「永田町駅」建設以降も半蔵門線の「三越前駅」などでシールドトンネル型の駅が採用され、現在の地下鉄建設においては主流の工法となっている。シールド工法で造られた駅はどれも同じような施設となるが、追加の工事やリニューアルがしやすいのが良いところである。駅のリニューアルの際に、軌道側の壁パネルを取り替えるなどして、簡単にイメージチェンジできるのも

「機能美」といったところであろう。また、平成9年の営団地下鉄時代から平成13年の長期にわたってリニューアルを続けていた千代田線の新御茶ノ水駅も、軌道側の壁パネルが取り替えられ、月の和名と二十四節気のモザイク壁画が設置されている。

なお、A線側にはカレンダーの日付もデザインされていて、ホームで電車を待っていると、神秘的な壁画に魅せられる。

コラム

銀座線の初代車両の塗装

銀座線は東洋初の地下鉄だ。デザインなどの多くを、ベルリンの地下鉄をお手本にしたと言われている。車両のデザインがイエローになったのも、その影響である。

また、暗い地下のトンネル内を走行するため、明るい塗装の方が目立ちやすく、車両の存在を知らせるための「警戒色」の役割もあったという。

現代の銀座線のシンボルカラーがオレンジ（みかん）色になったのは、褪《あ》せてきた車体を何度も重ね塗りしているうちに赤みが増して、「オレンジ」のような色彩になったことからだそうである。

平成29年に引退した01系までは、オレンジ色の帯を巻いた車両だったが、1000系からは創業当初のイエローの車体に戻されている。

地下鉄車両1号車旧1000形

現在の銀座線特別仕様車1139F（1140Fも同仕様）

第２章　駅を造るための計画・制約

地下の条件を調べる

地下鉄のように、地下に駅の空間を造る特殊な計画には、入念な準備や厳しい条件が存在する。地上では、その土地の地主との交渉や環境への影響があるが、実は地下の建設にも同様の条件が必要である。

地下鉄駅を建設するためには、どのような決まりがあるのか？　ここではそのあたりを話していきたい。

地下に駅（路線）を造ると、地上の交通や構造物に影響なく列車の運行が可能になり、騒音などの環境問題にも配慮できる。

その関係から近年では、都市部への乗り入れを行う際に、地下鉄事業者だけでなく、一般の鉄道会社も地下駅を開業させる事例が多い。

まず、地下駅の計画を行うには、地上の建物の基礎などにも影響がないように配慮するため、周辺のビルや公共施設の情報が必要である。

基礎がどのくらいの深さまで打ち込まれているかや、電気・ガス・水道などのライフライン、他の地下鉄などの埋没調査も行わなければならない。

目で確認できない場所を工事するにあたり、できるだけ調査をしてから関係各所の了承を取った上で行うのが一般的だ。特に、東京で地下鉄を建設するには、海が近いせいで地盤が軟弱なため、水脈を含んだ土が多い。工事を始める前に、より慎重な調査が必要だ。

地下鉄を掘り進めるにつれ、歴史上価値のある化石や遺跡などが発見されることがある。南北線の工事の際には、事前に遺跡発掘調査などが行われ、江戸城の外堀跡などが発掘された。

なぜ工事が多いのか

十分に調査した上で、地下鉄を掘り進めるわけだが、自然災害の多い我が国では、地下鉄駅の防災には高度な技術が必要になってくる。例えば、地下鉄の駅で災害が発生した場合、ホームから地上まで安全に避難できるように、通常のルートとは別に避難用の階段を

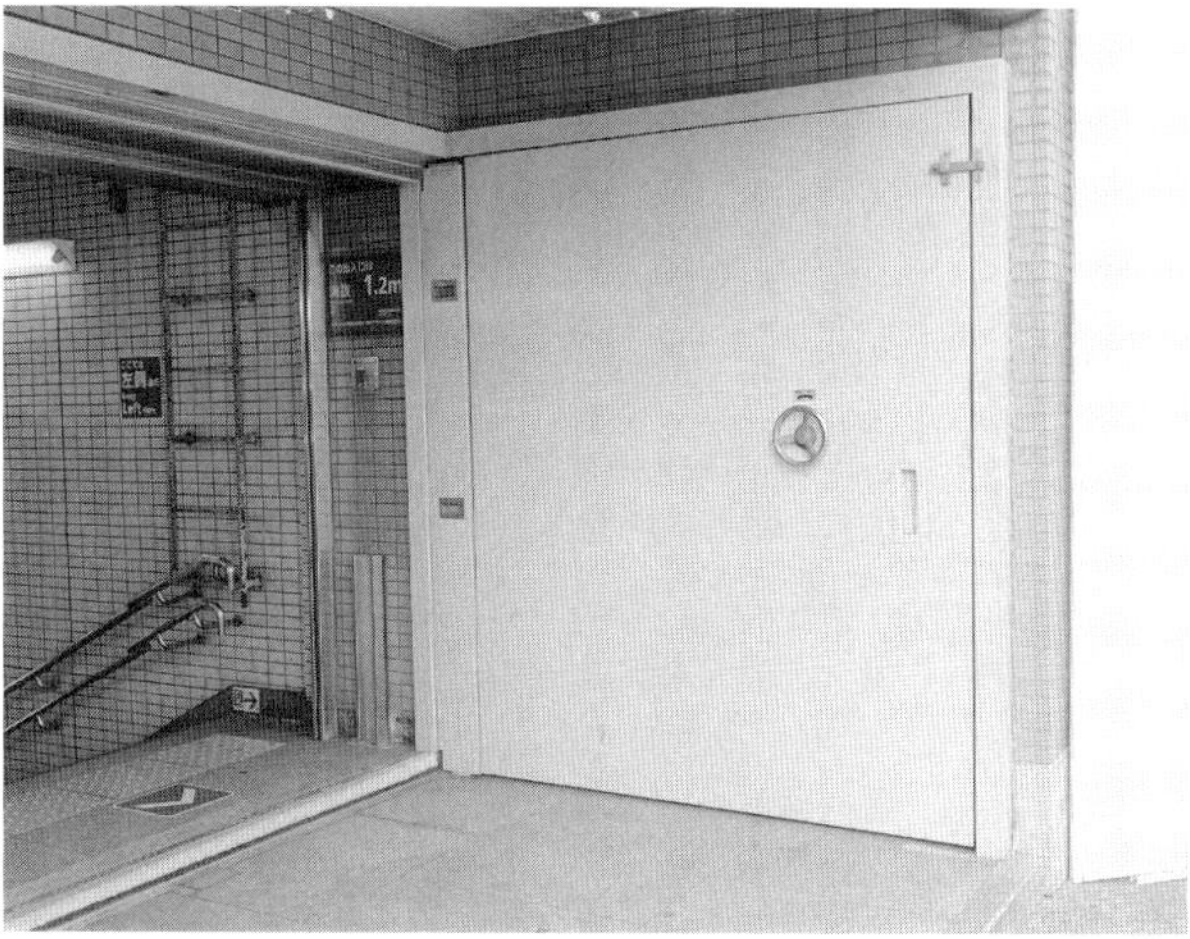

防水扉（南砂町駅出入口）

設置し、最低でも二方向からの避難ルートを確保している。

火災などで、駅構内に煙が滞留してしまうことを防ぐために排煙設備を整備し、防火シャッターを二段落とし仕様（完全に閉まる前に一旦停止し、逃げ遅れを防止）にしている。さらに、洪水などで駅やトンネル内への流水を防ぐため、地上の構造物より高い位置に出入口を設置したり、止水板や浸水防止機を設置するなど、地上の駅にはない防災設備が施されている。

このようなことから、地下駅を建設・維持するためには高度な技術と多額の費用がかかる。行政が関わる公営の交通局（都営地下鉄など）や、かつて存在した政府と東京都が出資した特殊法人（帝都高速度交通営団）などが、主に担っている状況がうかがえる。

前述の通り、東京の地下は水脈が多いため、排水の設置をしっかり行わないと、軌道や設備が浮き上がり、最悪の場合は落盤などの危険性がある。日々の検査や、定期的なリニューアル工事が必要不可欠である。

皇居周りや国会議事堂周辺（ルーフ・シールド工法）

東京には、国の中枢を担う施設がたくさんある。その中でも「国会議事堂」は最高機関だ。最寄り駅として建設されたのは、昭和34年の丸ノ内線池袋駅〜新宿駅間が開業した時で、その名も「国会議事堂前駅」である。

国会議事堂前駅と赤坂見附駅間の首相官邸前延長231mは、ルーフ・シールド式と呼ばれる工法でトンネルが建設されている。国会議事堂付近は、従来の「開削工法」では、地上の建物に影響を及ぼすほか、地下水の流入が懸念されていたため、我が国で初めてのルーフ・シールド工法で建設された。

これは、トンネルの径と同じ半円型の鉄枠（シールド）をジャッキで押しながら掘削し

丸ノ内線・霞ケ関駅付近のルーフ・シールドトンネル：The RW place（CC BY-SA 3.0）

丸ノ内線・国会議事堂前駅

丸ノ内線・国会議事堂前駅〜赤坂見附駅間のルーフ・シールド機仮組み立ての様子：地下鉄博物館提供

ていく工法で、地中を横方向に掘り進めることができる。現在のシールドマシンの原型のようなものだ。海外の地下鉄では、同様の方式で建設されたトンネルが多く存在するが、我が国では丸ノ内線の当該区間以降は建設されていない。

皇居の下を走らないわけ

のちの昭和47年に開業した千代田線の国会議事堂前駅は、現在でも東京メトロの中で、もっとも深い位置に建設された駅である。同線のホームは地上からの深さ38mにも及ぶ。もちろん、従来の開削工法ではなく、シールドマシンによるシールド掘削工法で建設が行われた。

その理由は、銀座線や丸ノ内線のトンネルがあり、それらをくぐるような位置になってしまうためだ。

東京を網の目のように巡っている地下鉄だが、皇居の下には一切入っていない。ちょうど皇居の周りの内堀あたりを綺麗にかわすようにトンネルが掘られている。

公にはしていないが、これは地下を走る鉄道ならではの問題にある。地下鉄の建設に必要なものの一つとして、「換気口」がある。換気口は地上と地下のトンネルをつなぐ空気の通り道である。

空気が通るということは、人の出入りも考えられるわけで、この換気口がテロ犯罪につながりかねないためだ。警備を強化してまで換気口を通すより、初めから皇居の下を走らなければ、そのようなことを懸念しなくても良いのだ。ほかにも、電車の運行しない深夜帯での犯罪に利用されないためでもある。

皇居の下を地下鉄が通らない代わりに、皇居周辺には大手町駅、竹橋駅、半蔵門駅、永田町駅など、東京メトロの駅が多数存在する。このように地下鉄の建設は、地上の状況に左右されることが多い。

川の下をどう走らせる?

前述のように、軟弱地盤での掘削は、特に気を使う工事である。イギリス（ロンドン）などの諸外国は地盤が固く、掘削工事に適している土だが、東京は海が近く、その分水分を含んだ柔らかい土のため、工事中に崩落事故が発生するリスクが高い（東京23区、どこを掘っても温泉が湧き出るという話も聞いたことがある）。

特に、城東地区（江戸川区・江東区）は、過去に海だった土地を埋め立てて陸地にしたがゆえに、付近の公園の土を掘っても水が滲《にじ》み出るのではないかと思ってしまうほど柔らかい。

それでは、軟弱地盤での工事はどのように行っているのか？　一つの例をご紹介しよう。東西線の大手町駅〜東陽町駅間の工事では、江東区の木場駅を中心に門前仲町駅終端から東陽町駅の始端まで、延長約1・8kmはシールド掘削工法で建設され、日本では初の本格的なシールド掘削工事となった。

当時のシールド掘削と言えば、円型の鉄枠の先端をジャッキで圧力をかけながら土を崩し、人力で掘削していく方法で、現在のようにシールドカッターを回転させながら掘削していくような効率の良いものではなかった。

なぜ、そうまでしてシールド掘削工法にこだわったのかというと、この付近の地層は、地表下30〜40mまで、分厚い軟弱地盤（沖積シルト層）があり、しかも3カ所で隅田川の支流である運河（中の川・大島川東支川・大横川）を横断しなければならなかったためだ。

それより前は、川底をどのように掘削していたのか？　昭和6年に建設された銀座線の萬世橋駅〜神田駅の工事をご紹介しよう。この区間は神田川の底を通る路線計画になったので、神田川手前に仮の停車場（萬世橋駅）を備え、本腰を入れて神田川を越えるための

神田川・工事当時の萬世橋付近。浅草～萬世橋間を走らせながら、その先の工事を行った（昭和５年）：地下鉄博物館提供

工事を行ったのだ。

この工事は、萬世橋の架け替えと同じ時期に行うことになった。まず、川の中央に、両脇は船が通れるくらいの位置に仕切りを置き、仕切り内の水を抜いた上で、地上から川底の掘削を行った。掘削をした後で、鉄筋コンクリート製のトンネルを備え、埋め戻しを行い復旧させて工事を終了したという。

この施工は、橋の架け替えを行う当時の東京市に工事業務を委託して行われたが、日本初の神田川河底トンネルとなり、従来の開削工法に加えて、特殊な施工方法が採用されている。

のちに神田川を横断することになった丸

神田川を渡る丸ノ内線

地上高架線に建設された東西線・葛西駅

ノ内線の淡路町駅〜御茶ノ水駅間では、地形の関係ゆえ河壁から地表に出て、再び河壁に入るという特殊な路線構造である。

シールド掘削が主流ではなかった時代では、様々な方法で川を越えていた。ちなみに、江東区と江戸川区を東西に抜けていく東西線の東陽町駅〜西船橋駅間（昭和44年開業）では、南砂町駅〜西船橋駅間は地上（高架線）を走る区間となった。

これは埋立地という条件からトンネル掘削が難しかった理由もあるが、当時この辺りは農地だったので、地上での建設工事が容易だったことがうかがえる。それでも軟弱地盤だったため、ほとんどの区間を直径50㎝のコンクリート杭で施工し、1万本以上使用したという。

土地買収：地権者との交渉

地下鉄の建設には、地上の鉄道と同じように土地の権利が発生する。それは、「区分地上権」というもので、その土地の地下や空中でも、工作物を所有するために、その土地を使用する権利のことだ。

地下鉄などのトンネルを、他人の土地の真下に建設する場合、地主の承諾が必要になる。

真下に半蔵門線が走る人形町通り

地下鉄の運営は、行政が主体となったいわゆる「交通局」（東京都交通局や横浜市交通局のようなもの）であることが多い。トンネル建設を道路下で行うことで、区分地上権を発生させることなく運営をしていけるからである。高度成長期、地下鉄建設ラッシュを呈した営団地下鉄が、東京都と政府の出資で作られた特殊法人だったのも理解できる。

しかしながら、そんな営団地下鉄でも土地の権利を巡って、計画が難航していたこともあった。それは、半蔵門線の三越前駅〜水天宮前駅間の工事である。日本橋小網町《こあみちょう》〜人形町一丁目に至る民有地の真下を走るために、地権者との交渉が必要だった。軟弱地盤であるにもかかわらず、高層ビルが建っていたことから、建物の基礎杭が深く打ち込まれていたのだ。

地上の建物に影響のないように、細心の注意を払って工事を進めていたが、地権者らが代替の土地を要求したため、近隣の土地を先行的に買収し、譲渡を行った。また、人形町通りの土地価格が高騰し、関係者らには契約を遅らせれば、保証金が上がるという期待感があったようだ。当時の営団地下鉄は、そのような困難にも粘りづよく交渉し、建設を進めることができた。

道路の下にトンネルを掘っていても、線路は自動車道のように短距離で直角に曲がることはできないため、交差点直下ではゆるやかにカーブをして、民家の下を通る区間も出てくる。

その場合にも、区分地上権を得るために地権者との交渉が行われる。ただし、建物そのものに影響が出るような、目に見える部分ではない。地中の基礎に影響させないための話し合いなどが行われる。そのため、地下鉄の土地・権利といっても、どのような話し合いが行われていたのかは、なかなか想像がつかない。

近年の地下鉄建設では、大深度（地下40m以深）の建設が多くなっている。これは、地下に建設する路線が多くなり、新しい地下鉄ほど深く建設されているためだ。平成13年に

大深度で建設された南北線のトンネル

は、「大深度地下の公共的使用に関する特別措置法」という法律が施行されている。地下40m以下の大深度で建設される公共構造物は、国土交通大臣の認可を受けていれば、土地所有者への補償をしなくても良い、というものである。大深度であれば、地上の建物への影響もなく、その補償もしなくても構わないのだ。

このような法律ができたことで、以前よりも、地下鉄の建設に自由度が増した。

有楽町線・小竹向原駅の通行待ち解消

副都心線の開業は、近年の東京都心地域での画期的な出来事だ。

副都心線は、渋谷駅から池袋駅までの工事を完了した際に、有楽町線と並行する形で、和光

小竹向原駅のホーム

市駅から池袋駅まで先行開業していた当時の「新線」を編入し、新たに副都心線として全線開業を果たしている。

副都心線は、池袋駅〜和光市駅間の途中、小竹向原駅まで有楽町線との複々線の形態をとっている。小竹向原駅から西武鉄道への直通列車が分岐するため、小竹向原駅から和光市方面へは有楽町線と線路を共用している。

分岐駅となる小竹向原駅は、副都心線と有楽町線から来た列車を和光市駅・西武線直通飯能駅方面へ、和光市駅・西武線直通飯能駅から来た列車を副都心線や有楽町線に振り分ける、信号所的な役割を果たす重要な駅である。

副都心線開業当初は、この分岐作業を千川駅寄りに設置された平面交差（二つの異なる鉄道路線や道路などが平面状で交差する地点）の分岐器（ポイント）で行っていたために、二方向のうち、どちらか片方の列車が通過している場合は、もう片方は駅間で停車して通過待ちをしなければならなかった。

この平面交差がネックとなり、どちらかに遅延が発生すると、もう一方向の路線にまで影響を与え、大幅な遅延に至ってしまうことが多かったのだ。

この事例は、メディアでも大きく取り上げられ、社会に大きな影響を与えた。解消するために、有楽町線側の小竹向原駅〜千川駅の間に、立体交差の連絡線を設置することになり、実質の追加工事となった。

この切り替え工事は、副都心線の渋谷駅から東急東横線・みなとみらい線との相互直通運転開始を機に行われた。工事は単線型の泥土加圧シールドと呼ばれる工法を採用。泥土加圧シールド工法とは、カッターで切削した土砂を泥土に変化させ、切羽の安定が図られ、泥土圧により掘進性の管理が行われる。当時としては、最新式の掘削工法であった。

まず始めに、池袋方面への連絡線の新設に着手した。平成25年2月に完成したのち、和光市方面への連絡線も、平成28年に完成している。輸送障害（ダイヤ乱れ）などが発生した場合でも、その影響を軽減して早期に定時運転に戻れるよう、安定した輸送を供給することができた。

有楽町線と副都心線の関係は、ダイヤと車両の運用が複雑にからみあっている。「切っても切れない関係」というのは、まさにこのことをいうのだと思えてならない。

シールド工法とすり鉢勾配の秘密

地下鉄の建設は、昭和2年の浅草駅～上野駅間の開業から始まっている。当時は深い場所を掘削していく技術がなかったこともあってか、地上から比較的浅いところに、トンネルを建設することが多かった。

田原町駅などでは、地上にある地下鉄の入口から、改札付近の通路が見えてしまうほどである。まるで、地下鉄を建設した後に、道路で蓋をしたような構造になっている。

しかし、銀座線以降の丸ノ内線、日比谷線と新規路線の建設が増えていくたびに、地下鉄同士が交差するところでは、後の路線ほどより深い位置に建設されている。

特に東西線は、河川の関係でさらに深い位置に建設をしなければならなかった。

その大変な工事を可能にしたのが、これまで述べてきた「シールド掘削工法」である。このシールド掘削工法の採用が、地下鉄の工事に非常に大きな影響を与えているのだ。

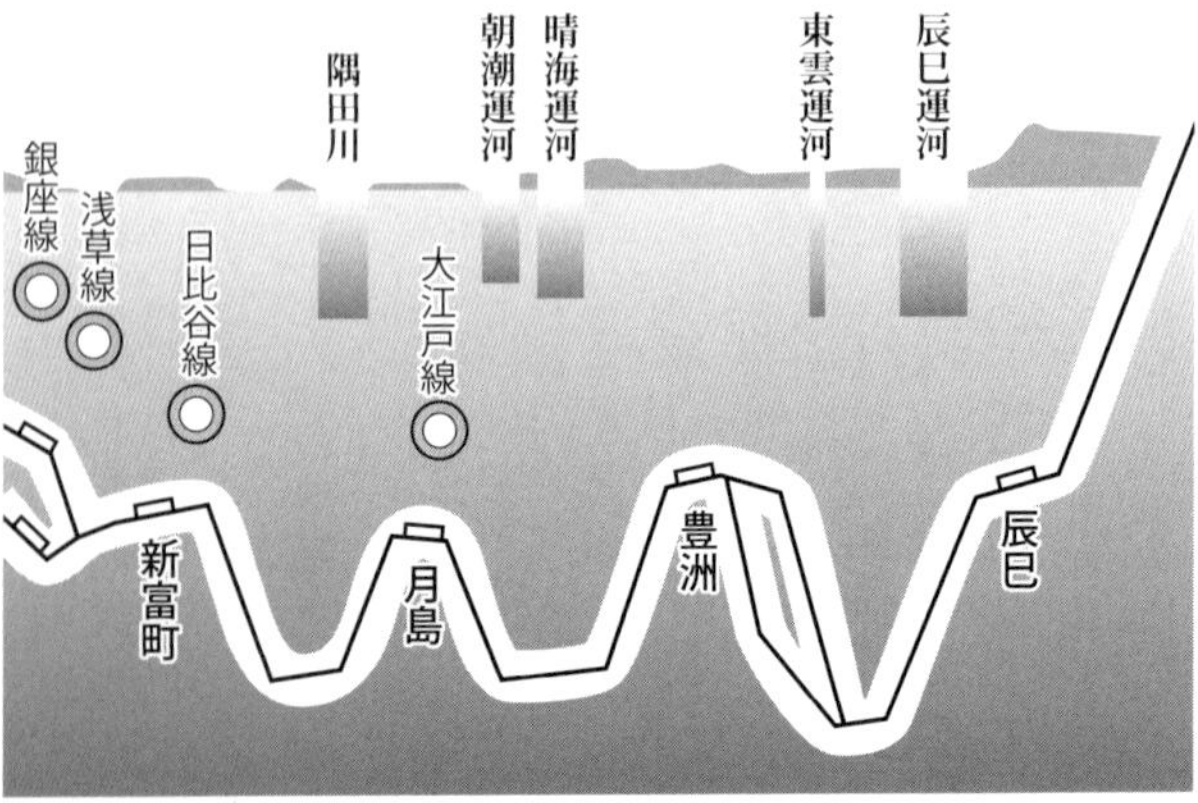

すり鉢勾配の断面イラスト（有楽町線）

地上の条件に関係なく、地中を進行方向に掘削していける「シールドマシン」は、左右上下へとトンネルを掘り進めることができる。近年の地下鉄建設では、全線にわたって、シールド掘削工法で建設されていることが多く、その特徴を活かして、電車の運行に関わる省エネの技術が使われている。

有楽町線（新富町駅〜辰巳駅間）路線概要図の縦断面図を見ると、駅のある場所は地表に近い場所にあり、駅間の中心は深いところにある。

このような構造にすることによって、駅を発車した電車は、深いところに向かって下り坂で加速して、駅に近い上り坂になると減速する。電車の加速と停止を、できるだけ少ないエネルギーで行うことができるわけだ。

半蔵門線・神保町駅手前から勾配を上がってくる電車

このような構造を「すり鉢状の勾配」と言い、勾配をつけることによって、電車の加速や減速を補助しているというものだ。

これを地上の鉄道で行うとすれば、駅を高架駅とし、駅間をなだらかな上下勾配によって配線した路面で建設し、アップダウンをつけるという、かなりの手間と費用がかかる。地下鉄の建設では密閉された地中で、トンネル掘削によってアップダウンをつけることができるので、比較的容易に高低差を設けられる。

つまり、電車の走行条件に応じた勾配を造ることができるわけで、すり鉢状の勾配は、有楽町線以降の一部の区間で採用され、南北線の目黒駅〜赤羽岩淵駅間、半蔵門線の神保町駅〜住吉駅間、副都心線の一部などで採用されている。

なお、こういった構造は地下区間でも、障害の少ない場所に限ったもので、場所によっては河川や他の地下鉄、高層ビルの基礎などにより、深いルートを選択しなければならない場合もあるのだ。

ちなみにこの工夫で電気代を大幅に節約できる。地下鉄は電力で動いており、東京メトロの1カ月の電気代は約10億円。

1両30トンもの電車を動かすために、そのうち6億円もの電気代がかかっている。40年前からホームを高い位置に造ることで、加速するための力を減らし、さらに月60万円分のコストを節電している。

停車する際に、ブレーキの衝撃を和らげるため、車輪のすり減りを減らせるというメリットもある。

電車を経済的に走行させるためには、できるだけ惰行《だこう》（いきおい）で走行することが大切である。あえて勾配を利用した加減速方法は、地下鉄だからこそ、可能な方法だ。

「すり鉢状の勾配」は、防災にも役立っている。近年、問題になっている異常気象だが、令和元年には大型の台風が首都圏を襲った。

各地で大規模な災害が発生し、首都圏を走るＪＲや私鉄などの各線は、前日から計画運休を打ち出し、利用者の混乱や事故を未然に防ごうと対策を施していた。

地下鉄にとっても、大雨が続くと懸念されるのが、トンネル内への雨水の流入だ。

しかし東京メトロでは、暴風雨の影響が予想される地上区間は運休したが、地下区間は運行を続けることができた。

低地でのトンネル内防水ゲートや浸水防止機の設置など、それなりの「対策」があらかじめ施されていたからである。そのひとつが、「すり鉢状の勾配」を利用した排水システムである。

例として、南北線の飯田橋駅〜後楽園駅は駅間中心に、地下の谷戸《やと》にあたる排水用の小部屋があり、そこに集まった雨水は排水用のポンプを利用して、下水や河川に排出させるという方法がとられている。

もちろん、許容量の問題はあるが、大雨ですぐにトンネル内が水浸しになるということはないだろう。

この「すり鉢状の勾配」による排水は、主に地下水や湧き水などの対策と考えられているが、今後起こりうる都市災害に向けての対策も、こういった排水対策を強化していく上で、重要なシステムになっていく。

エスカレーターやエレベーターで効率的に人をさばく

大都市の駅は、非常に混雑している。特に、朝・夕ラッシュの時間帯では、列車が数分おきに到着し、人の乗り降りが激しいことが常である。

地下鉄にとって、駅の入口や改札から列車に乗ることができるプラットホームへのアクセスは、使いやすい駅を建設するにあたって、とても重要な位置づけだ。

東京メトロでは、歩行が困難な障害のある利用者や車椅子利用者が、快適に駅を利用できるように、エスカレーターやエレベーターだけで、プラットホームと地上を結ぶバリアフリー化を進めている。

また設置にあたっては、早期から混雑緩和対策だけでなく安全対策としても効果があるように、様々な取り組みをしている。

例えば、銀座線や丸ノ内線などの初期の地下鉄駅を見てみると、階段やエスカレーターは、プラットホームの先端に設置されていることが多い。

もしホームの真ん中に設置してしまうと、列車から降りた乗客が、プラットホームの中央に集中して混雑し、ホームに進入してきた列車と接触する恐れがある。

さらに階段上でも、乗客が密集したり、滞留したりすることがある。最悪、転倒事故につながる危険性もあるのだ。

一方、プラットホームの先端に設置すれば、車両の前方と後方に分散して乗客が流動するので、効率的かつ安全である。

近年では、永田町駅や大手町駅など、複数の路線が集まる総合駅が開業し、各路線への乗り換えも、階段やエスカレーターの設置位置などによって、複雑化している。

東京メトロは、東京都交通局と共同で「バリアフリー便利帳」を作成した。これは、「平成18年12月20日に施行された「高齢者、障害者等の移動等の円滑化の促進に関する法律」（バリアフリー新法）に基づき」、全ての人々が便利で快適に地下鉄を利用できるように、全駅のエレベーター、エスカレーター、多機能トイレの設備設置情報やバリアフリールートの整備状況を、詳しく書いてあるものだ。

この〝便利帳〟を読むと、各路線にて、ホーム↕改札↕地上へとエレベーターやエスカレーターなどで、駅や地下鉄の利用ができることがわかる。

上下移動が絶対な地下鉄の駅にとって、エレベーターやエスカレーターは重要なものであり、その設置状況で、「利用者へのサービスに関する意識レベルの評価」ができる。

また、その設置場所によって、特にラッシュ時に乗客の混雑の流動具合が変わってくるが、列車の編成も影響することがある。

例えば、10両編成を6両編成と4両編成で構成する「分割編成」がある。分割編成とは、途中駅で車両の切り離しをして、方向別に運行できる仕組みで、古くからJRや大手私鉄で運用している方法だ。

しかしながら、6両・4両と短い編成を組み合わせて10両編成を構成した場合、分割しているつなぎ目には、切り離した時に必要な運転台を備えた先頭車が連結されており、その分、客室スペースが狭くなってしまっているわけだ。

問題が露呈したのは、半蔵門線・東急田園都市線の渋谷駅だ。

渋谷駅のプラットホームは、ちょうど6両目と7両目の部分に階段が設置されているため、東武鉄道から直通してきた30000系（6両・4両の分割編成）が到着した際に、階段部分に運転台付き先頭車（デッドスペース）がかかってしまうため、プラットホーム上に人が溢れ始め、危険な状態に陥りやすくなってしまった。

東京メトロに入線する車両については（千代田線に入線する小田急ロマンスカー以外）、切り離し解放が不可能な固定編成で運行することが、基本となっている。

ラッシュ時間帯の地下鉄駅

半蔵門線・渋谷駅の階段、エスカレーター

プラットホーム上の流動対策には、エレベーターやエスカレーターの円滑な運用がカギとなっており、特に閉鎖空間である地下の駅には、非常の際の避難誘導対策にも細心の注意を払う必要がある。

コラム 使用料を請求しあう「乗り入れ」

乗り入れ列車は、乗り入れ先の相手側に車両使用料を請求することができる。つまり、東京メトロの車両が小田急線に乗り入れると、小田急電鉄は東京メトロに対して、距離に応じた車両使用料を支払うわけだ。

かみ砕いて説明すると、小田急電鉄は自社の車両を使わず、乗り入れてきた東京メトロの車両で、自社線内の乗客を運び、運賃収入を得ることとなる。それに対して、東京メトロが車両の使用料を請求する仕組みだ。

ただ、ほとんどの路線が相互乗り入れを行っているので、距離による使用料の相殺が行われる。ただし、乗り入れ区間の距離が異なるため、小田急電鉄の車両がメトロ線内だけの折り返し列車に充当し、距離の調整を行ったりもする。

それでも双方の距離が一致することはめったになく、差額は車両使用料で清算される。

第3章　駅の機能やデザイン

――未来の地下鉄の象徴（南北線・副都心線各駅）

南北線の近未来システム

南北線の最初の開業は、平成3年の駒込駅～赤羽岩淵駅間である。平成時代に開業する最初の営団地下鉄路線として、当時の最新の技術を用いて造られた。テーマは、「21世紀を指向する便利で快適な魅力ある地下鉄」である。

「ATO（列車の運転を自動化するシステム）」や自動改札機にカードを入れて精算するシステム「ストアードフェアシステム（SFシステム）」、ホーム上にある扉「ホームドア」などを採用し、現代の都市鉄道のスタンダードを築きあげた路線と言っても過言ではない。ひとつずつみていこう。

南北線で最初に開業した駅である赤羽岩淵駅、志茂駅、王子神谷駅、王子駅、西ヶ原駅、駒込駅では、開業時からホームドアを採用している。当時のホームドアと言えば、国内では一部の新交通システムなどに導入されているだけで、本格的な鉄道で採用されたのはこの南北線が初めてだった。

ホームドアは、利用者のホームからの転落を完全になくすことを目的としており、併せてATOも導入することによって、列車の運転とドア操作なども運転士が行う「ワンマン運転」にすることができた。

各種安全センサーとCCTV（監視テレビ）を併用し、駅務室で集中管理することで、万が一、ホームと列車の間に人が閉じ込められた場合に備え、乗り降り時の安全確保をしている。

各駅にはステーションカラーが設定され、赤羽岩淵駅→緑、志茂駅→青、王子神谷駅→紫、王子駅→赤といった具合にホームドアが色分けされている。南北線が全通した際も、目黒駅を除く全ての駅で色分けされ、利用者にとって非常にわかりやすく評判が良かった。

ちなみに南北線のホームドアは「フルスクリーン」と呼ばれるタイプで、仕切り扉の高さがホームの天井付近まである。のちに設置された路線の、高さが腰高程度の「可動式ホーム柵」に比べて、極めて安全性が高い。

南北線・西ヶ原駅のプラットホーム

目黒駅に停車中の9000系車両

さらに自動改札機に「ストアードフェアシステム」を導入。このシステムは、券売機で乗車券を購入せず、乗車券カード（ＮＳメトロカード）を直接自動改札機に入れて入出場し、運賃を精算できる便利なものである。

現在は交通系ＩＣカード（ＰＡＳＭＯやＳｕｉｃａなど）があるが、その先駆けにあたる。

時代背景的にも「切符を買って列車に乗る」という概念を変えていった画期的なシステムである。

時代背景的にも「バリアフリー」の推進に力を入れはじめたのは南北線からだ。高齢者や身体の不自由な方も安心して地下鉄を利用できるように、エレベーターの積極的な導入を行った。

エレベーターの設置が困難な場所は、車椅子用ステップ付きエスカレーターを設置している。その他、利用者や沿線住民などの休憩コーナーや待ち合わせ場所として、「ふれあいコーナー」を各駅（駒込、王子、志茂、赤羽岩淵）に設け、椅子や自動給茶器などを設置した。

この南北線の開業を機に、営団地下鉄全体の制服をモデルチェンジしており、全体を通して力を入れているのがわかる。

市ケ谷駅（文化財を活かした駅造り）

南北線の駒込駅〜飯田橋駅付近は「埋蔵文化財包蔵地」で、国指定文化財の旧古河《ふるかわ》庭園や、国指定の史跡の西ケ原一里塚が存在している。

当時の営団地下鉄は文化財保護法の手続きを行った上で遺跡調査会を設立し、調査に乗り出した。南北線の建設に限らず、地下鉄建設では数々の歴史の証拠となる埋蔵物が発見された。

ナウマンゾウの化石

例えば、千代田線の明治神宮前駅付近の建設では、ナウマンゾウの化石がほぼ1頭分見つかっている。京都市営地下鉄の烏丸《からすま》線でも、工事を始める前提として、埋蔵文化財の発掘調査が行われ、平安時代後期の瓦《かわら》が大量に発掘された。

南北線の工事では、西ケ原駅付近と駒込駅〜飯田橋駅付近の遺跡調査が行われた。特に江戸城の外堀跡では多くの埋蔵文化財が発掘され、江戸時代の都市構造を物語る貴重な史料となった。

南北線の工事で発掘された江戸城の石垣の復元

現在の溜池山王駅での発掘調査では、溜池を南北に縦断する範囲で、江戸時代に外堀周辺が埋め立てられた際の日枝《ひえ》神社の社家跡、筑前福岡藩・黒田家中屋敷をめぐっていた大下水（上下水道）などを発掘することができた。

南北線の建設では、遺跡調査で発掘された文化財で沿線の歴史に触れてもらおうと、市ヶ谷駅構内に「江戸歴史散歩コーナー」を設置。このコーナーでは地下鉄建設時に出土した石材を使用し、「打ち込みハギ」と呼ばれる石積みを再現している。江戸城の建設にも採用された技法で、非常に興味深い内容だ。

地下鉄建設は地上の環境に大きな影響を与えるばかりでなく、地下を掘り進めるため、思わぬ場所で歴史的文化財などが発掘されることも少なくない。その特徴を活かし、駅の一部として取り入れる方法は、「地下鉄の駅」ならではと言える。「江戸歴史散歩コーナー」はその利点を活かして作られている。

基本的に地下鉄駅はアリの巣のように通路が張り巡らされ、いくつもある地上の入口から改札階、プラットホームへとつながっている。乗り換え路線同士のホームも通路でつながっており、駅のスペースは地上の条件よりも自由が利く。南北線の市ケ谷駅は、先に開業した有楽町線の市ケ谷駅と隣同士で建設された。

ちなみに、有楽町線と南北線のトンネルはつながっており、相互に乗り入れ可能な構造である。

個性的！　アートな駅の先駆けとなった南北線

前述のように南北線は、「21世紀の新しい地下鉄」をテーマとして建設されている。居住性が向上した駅にはアートが取り入れられている。

それはなぜかというと、「心和むひととき」を演出するためだ。例えば、オフィスの壁など、本来何もない空間にアートがあると、忙しい毎日に心のゆとりが生まれるわけだ。「見ていて心地よい」、そう感じることがある。

地下鉄の駅の空間は閉鎖されたイメージで、これまでも「暗い」、「狭い」と感じられることが多かった。そのため、ストレス軽減効果などのあるアートが取り入れられるようになった。

21世紀の地下鉄では個性溢れるアートをアクセントとし、マイナスイメージを払拭する上で、心和む空間を作り出すことにチャレンジしている。その中で、壁を装飾するアート技法「アートウォールの設置」を、協賛企業の協力を得て駅ホームなどで行っている。

これらには全てメッセージが込められている。王子駅の「メトロガーデン」は、古田和子氏が手がけたもので「自然のさわやかさが感じられるガーデンを地下空間に表現しました」との説明パネルが設置されている。

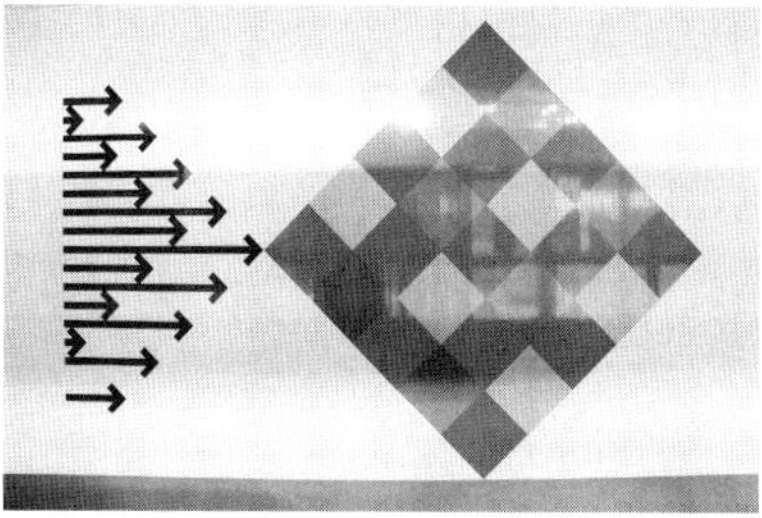
市ヶ谷駅の「COMMUNICATION（コミュニケーション）」

王子駅の「メトロガーデン」

市ケ谷駅は「COMMUNICATION（コミュニケーション）」、こちらは堀川治人（アートディレクター）、岡康正（グラフィックデザイナー）が製作し、「伝えよう！　うれしいこと、たのしいこと　すてきな夢を…。人から人へ、人から生き物たちへ、人から地球へ…宇宙へ。共に生きる喜びを、感動のメッセージを伝えよう。ぐるりとめぐって　絵は言葉になる」という強いメッセージが込められている。

このほかにも「白金台駅・白金春秋」、「駒込駅・あなたにジョイフルタイム」、「飯田橋駅・夢を創ろう」、「四ツ谷駅・四季」などなど、駅ごとにテーマの違ったアートウォールが設置されている。

また3駅（麻布十番駅・溜池山王駅・東大前駅）では、「パブリックアート」がコンコースなどに設置されている。これらは、世界の有名デザイナーの絵などをモチーフにして製作され、麻布十番駅の「パラレル・ビジョン」、東大前駅「アテネの学堂」、溜池山王駅「あみだくじ」などがある。

このように南北線で始まった地下鉄空間の本格的な「アートビジュアル」が、他の路線のリニューアル時にも普及していったのは言うまでもない。

今や、地下鉄は移動空間である車両を含めて、都心で疲れた人々の心を癒す空間としての役割を担っている。

吹き抜け構造を採用した副都心線・渋谷駅

東京メトロ・副都心線の渋谷駅は、東急電鉄・東横線との相互直通運転を行っている。その関係から、東急電鉄が駅の建設と管理を行っている。

東京メトロ・副都心線が東横線への直通運転を始めるにあたって、地下駅化への建設計画が始まり、実際に使用が開始されたのは副都心線・渋谷駅開業の平成20年6月14日のことであった。

東急東横線が地上の高架駅から移ってきたのは、副都心線・渋谷駅開業から5年経った平成25年3月16日のことだった。つまり開業直後は、東急電鉄が建設と管理を行ってはいるが、東京メトロ・副都心線のみの駅として営業されていたのだ。

駅の構造は地下5階。一番下にプラットホームがあり、島式ホーム二面、線路が四線設置されている。この駅をデザインしたのは、建築家の安藤忠雄《あんどうただお》氏で、「表参道ヒルズ」や「フォートワース現代美術館」の設計も手がけている。

そんな安藤氏が、「渋谷駅」にどんなコンセプトを置いたのだろうか。それは「使う人

副都心線・渋谷駅：PIXTA 提供

の心に残る駅」だという。駅は公共の施設である。それゆえに機能的にも優れていなくてはならないし、魅力的であることが大事なのだ。

たしかに建築物といえども鉄道の駅は、様々な人々が利用するわけで、「心に残る」というのはもっとも重要なテーマだと考える。

安藤氏は、駅の中心にタマゴ型の宇宙船をイメージした空間を作り、そのスペース自体が渋谷駅の象徴になるように駅中心の位置に据えた。「タマゴ」には、「そこから何かが生まれる」イメージがあり、加えて「宇宙船」の中に入るというワクワク感を兼ね備えているのだ。まさに副都心線と東横線の始発にふさわしいメッセージと言えるだろう。

そのタマゴ型宇宙船を模したスペースの中心

は、地下プラットホーム（地下30ｍ）へと抜ける吹き抜け構造で、とても大きな空間となっている。渋谷駅を利用する人にとって、どの位置にいるのかをわかりやすくすることにも役立っているのだという。

東京にはたくさんのターミナル駅があるが、その多くでサイン表示などでの乗り場案内がなされている。渋谷駅のように、プラットホームまで見渡せる駅構造であれば、どんなサイン表示よりも、わかりやすい。なぜならば、「見たまま」の方向に歩いていけばいいからだ。渋谷駅は「閉鎖空間」という地下鉄駅のイメージを一新させ、後述する今後開業予定のある日比谷線「虎ノ門ヒ

渋谷駅吹き抜け部分：PIXTA 提供

ルズ駅」のデザインにも、大きな影響を与えているようだ。

また渋谷駅は自然換気システムを導入している。ホームや床下と天井に冷却チューブを設置し、対流現象により冷水を循環させることによって空調を行う。年間約1000tのCO_2削減効果があり、まさに新時代の駅にふさわしく環境に配慮した構造になっている。

副都心線の開業に備えていた駅(有楽町線・要町駅・千川駅・小竹向原駅)

要町駅・千川駅・小竹向原駅が開業したのは、昭和58年の池袋駅〜営団成増(現・地下鉄成増)駅間の有楽町線の開通時であった。

この建設には、将来開業する13号線(副都心線)を見据え、トンネル構造物として両線同時に工事を行っていた。将来を考えて本来の路線とは別の路線の建設工事を同時進行することはよくあることで、過去には銀座線の赤坂見附駅、都営新宿線の九段下駅や有楽町線の新富町駅などもそうであった。

完成した駅にもう一度掘削工事を行い、トンネルや設備などを追加すると、多額のコストが余計にかかるばかりではなく、沿線住民にも複数回迷惑をかけてしまうからだ。

要町駅〜千川駅間は、上下二段構造のトンネルを採用し、地下2階が有楽町線のプラッ

現在の要町駅

トホーム、地下3階が副都心線用に確保された構造物(プラットホーム未施工・内装準備)として開業した。

有楽町線の地下2階から3階に降りる階段などが設置される予定の場所は、柱の形状が他のものとは違っており、床のタイルにスペースを確保するためか、溝が切り込んであった。

一方、小竹向原駅は西武有楽町線との直通運転を行う関係上、開業当初から副都心線のスペースが活用された。こちらは千川駅・要町駅とは異なるようにスペースを広げた構造となっていて、両線ともに同じ階層で運用されている。

そして、上下二段構造のトンネルがフルに使用されるようになったのは、平成11年12月7日のことであった。西武有楽町線が練馬駅まで開業したことにより、西武有楽町線を経由した西武池袋線からの列車本数の

新線・池袋駅時代の駅名板

増加が予定されていたからだ。

当時の営団としては、小竹向原駅にいわゆる「ジャンクション」の役割を持たせ、有楽町線（新木場方面）とは別に列車を流す方法として、13号線用に残しておいた小竹向原～池袋間を使用することにした。13号線は池袋駅のみ施工し、施工されていない「千川駅」「要町駅」は通過する。

この路線は「新線」という名称が与えられ、副都心線の池袋駅～渋谷駅間が開業した平成20年6月14日以降、副都心線に編入されるまで使用されていた（副都心線開業に伴い、要町駅・千川駅の施工が行われ「新線」の名称は使用を停止）。

地下鉄の駅は地下を掘削して建設するという性格上、地上の構造物よりも膨大なコストがかかり環境への負担も大きい。そういったことから将来的に必要となるトンネルや施設も一緒に建設する形が多くとられている。

現在でもその準備段階として建設される駅は多く存在し、その光景に出会えたとき、

「なぜ、このホームはこんな複雑な形をしているのだろう？」と考えてしまう。ある意味それらは、機能的なデザインといっても過言ではないだろう。

新たな交通拠点、日比谷線・虎ノ門ヒルズ駅の全容

この項では、令和2年の6月6日に暫定開業予定の虎ノ門ヒルズ駅について考えていこう。

現在、虎ノ門ヒルズへのアクセスは銀座線の虎ノ門駅、もしくは、日比谷線の神谷町駅から歩いて行くことになっている。徒歩では約7分〜8分かかり、都心という立地条件でありながら、駅からは少し離れた印象だ。

東京メトロは交通結節機能の強化に向け、UR都市機構を事業者とし、虎ノ門周辺の整備計画である東京メトロ日比谷線・虎ノ門ヒルズ駅の事業を設計、工事の受託と運営管理を行うことになった。

日比谷線・虎ノ門ヒルズ駅は、虎ノ門ヒルズ（森タワー）とステーションタワー（仮称）の間（国道1号線・桜田通り）の真下に建設される。再開発の一環として地下鉄の駅が造られるのはよくある話だが、既存の路線での新駅の設置はとても珍しいことだ。

地下２階コンコース階の工事：UR都市機構提供

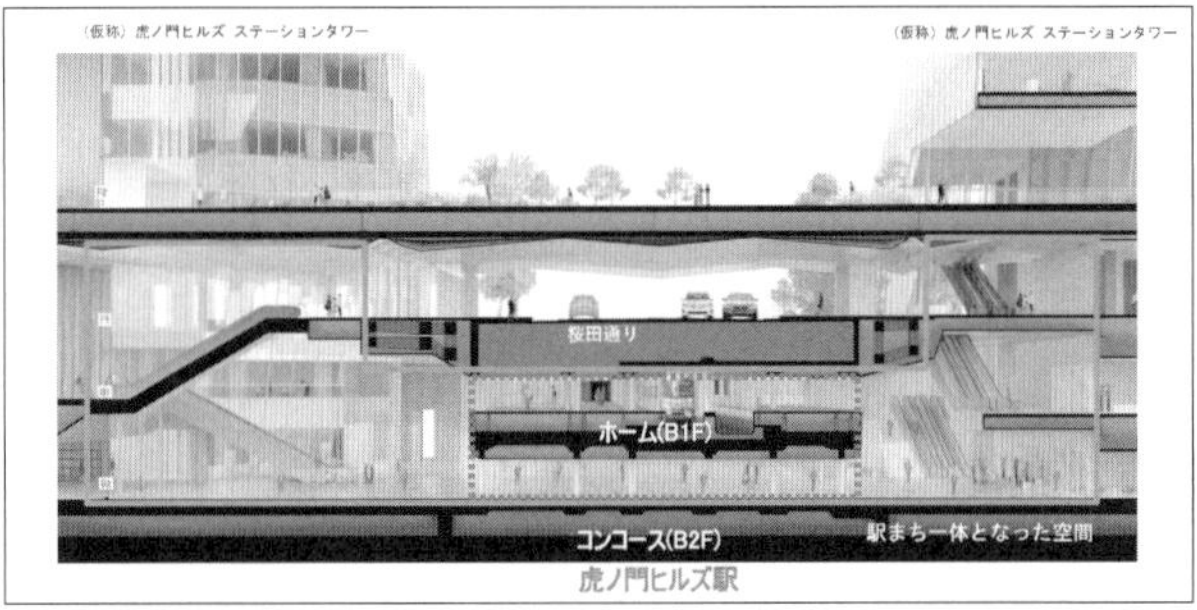

虎ノ門ヒルズ駅完成予想図：東京メトロ・UR都市機構提供

最終的な完成時には地下広場も造られ、駅のコンコースと接続する。地下広場は地上の光を取り入れ、開放的な空間を演出するという。地下鉄の駅としては新しい試みで、地下駅でありながらお日様の光を浴びることができる。どんな素敵な駅になるのかと思うと今からワクワクしてしまう。

かなり大規模な新駅となるが、本格的な運用は再開発ビルの完成に合わせて開始されるとのこと。新駅は虎ノ門ヒルズビジネスタワーと地下歩行者通路で直結するわけだが、それには理由がある。

東京五輪開催にむけての輸送用にと計画が進められている「東京BRT」の拠点になる可能性もあるだからだ。

「BRT」とは、「Bus Rapid Transit（バス高速輸送システム）」の略称で、バスを用いた大量輸送システムのこと。東京では連節バスが使用される予定だ。

このバス路線が虎ノ門ヒルズと新橋・勝どきを経由し、有明や豊洲などの臨海エリアへ運行される。日比谷線からの乗り換えはこの虎ノ門ヒルズビジネスタワーが接続となるので、スムーズになるという。

本来、都市交通はシームレス化を進めていくべきで、それは鉄道同士の相互直通運転や乗り換えから始まり、他の交通機関との連携も大事である。海外ではこのような事例はたくさんある。日本でも虎ノ門ヒルズ駅でのシームレス化が本格的になれば、もっと使いやすい交通機関となっていくだろう。

浅草駅営団開業当時の出入口：地下鉄博物館提供

出入口上屋とホーム壁デザイン

地下鉄の駅と言えば、その名の通り地下にある駅。それゆえに駅舎は地下鉄の出入口にあたり、出入口は歩道に設置してあったり、ビルに直結していたりする。ここでは、歩道にある出入口のデザインに注目することにしよう。

昭和2年に浅草駅〜上野駅間に地下鉄が開業した当初の出入口は、現在もその姿を見ることができる。それは、現在の銀座線・浅草駅にある「4番出入口」だ。この上屋は当時の建物そのもので、浅草寺をモデルにした趣のある和風の建物は朱色に塗られた美しい姿から「赤門」と呼ばれている。

鉄格子の飾りも「地下鉄出入口」の文字をデザインしているので、遊び心がある。この赤門のような出入口が建築されたのは、この浅草駅のみで、隣の「田原町駅」や「稲荷町

家紋の情報募集。開業当初、田原町駅に取り付けられていた歌舞伎や役者の家紋が色褪せて、誰のものか分からなくなったため掲示している。（昭和48年）：地下鉄博物館提供

駅」は近代的な建物が建設されている。

戦後、丸ノ内線開業以降の高度成長期、出入口のデザインは機能重視の「壁式」と「標準式」と呼ばれるものが多くなった。いずれも、駅名とともに当時の営団地下鉄のシンボルマークである「S」マークを大きく表示した電飾看板が屋根に取り付けられており、都内では多く見られた。中でも銀座駅では和光ビル、桜田門駅では警視庁ビルなどとともに映り込み、東京の風景の一つとして溶け込んでいた。

営団地下鉄から東京メトロに遷《うつ》り、副都心線の建設によって、設備などのデザインにもよりこだわりが見え始めた。当

然、出入口上屋にも個性が出始め、パリの地下鉄にも負けないくらいの優美な上屋が登場している。

例えば明治神宮前駅は、副都心線開業によって出入口上屋も建て替えられた。バリアフリーの推進によりエレベーターやエスカレーターが設置され、屋根の部分にガラスを用いてクリアにするなど、地下空間に明かりを取り入れるようなイメージである。

また最近では従来の駅のリニューアルに伴い、出入口上屋のリニューアルを進めることも多くなった。もう一つ、地下鉄駅での特徴はホームのトンネル壁だ。通常の地上鉄道はホームに上屋が付いているためホームに壁はないが、地下鉄の場合はトンネルの中に駅があるので、風雨を防ぐ上屋はなくトンネルの壁がある。

昭和期の地下鉄の壁は、トンネルの内側に路線を識別する帯を配置し、どの路線のホームなのかをわかりやすくしているが、電車を待っている利用者の目線にちょうどあたることから、駅名標と広告を設置しているスタイルが多かった。

平成元年以降、延伸開業した半蔵門線（九段下駅以北）は、その地域ならではのデザインが施されている。

私が特にオススメする駅は2駅で、まずは「神保町《じんぼうちょう》駅」。神保町駅近辺はとにかく本屋

神保町駅の書籍をイメージし装飾した壁

が多い。仕事柄この駅を頻繁に利用するのだが、ホーム壁のデザインはズバリ「書籍」のイラストが描かれている。本が積み重ねられている様子が表現されており、いかにも神保町という土地柄らしいデザインだ。本が大好きな私には、特別な雰囲気の駅である。

もうひとつは半蔵門線「錦糸町駅」で、両国や亀戸が隣接地になる同駅は、押上方面の壁には名所江戸百景の「亀戸梅屋舗《かめいどうめやしき》」、渋谷方面の壁には同じく「両国花火」が描かれている。眺めているだけで、その土地らしさを感じられる、とても居心地の良い駅である。

第4章　駅を造る
――設計・建設〈地上の条件に合わせた施工〉

地下鉄と川のさらに下を走る、千代田線・町屋駅〜根津駅

千代田線は、ビジネス街や官庁街などを結ぶ路線である。そのうち、（旧国鉄）常磐線（地上部）と接続する北千住駅付近から根津駅までの間は、隅田川の直下を抜け、荒川区・文京区では、道幅の狭い地面の下を走っている。

千代田線の建設では、北千住駅から隣の町屋駅まで隅田川（川幅約110m、水深12m）を横断する。地上からの掘削では工事が困難であることから、この部分を上下二段の単線並列型シールド工法で建設する運びとなった。

北千住駅側の千住緑町（隅田川左岸）に、深さ約35mの立坑《たてこう》を潜函《せんかん》工法（ケーソン工法、129ページ）で建設し、ここをシールドマシンの発進地として掘り進んでいった。一方、

柱が並ぶ千代田線・町屋駅ホーム

町屋駅側の対岸は尾竹橋通り付近に立坑を設置し、こちらも隅田川左岸に向かって掘削していった。隅田川を越えて町屋駅付近にくると、地上の道幅（車道9m、歩道3m）も狭くなる。

A線（代々木上原方面）・B線（北綾瀬方面）の複線を横に広げて建設しようとするも、道路幅が足りず、この区間においては、A線・B線を縦に並べた上下二段式のトンネルを建設することになった。町屋駅のほか西日暮里駅・千駄木駅・根津駅の構造も箱型地下二段構造となり（西日暮里駅と根津駅は地下2層。それ以外は改札階を含め地下3層）、また工事に関しては軟弱地盤であることから、営団地下鉄として初めてとなる「柱列式地下連続壁（鋼材を挿入して柱を造り、これを連続させて土留めさせる工法）を採

不忍通りの、柱列式地下連続壁工事（昭和41年）。巨大なアースオーガー（穴掘り機）でドリル穿孔《せんこう》し、杭を建込む：地下鉄博物館提供

用した。

国鉄（現在のＪＲ）線の連絡駅として西日暮里駅が建設され、さらに不忍《しのばず》通りを根津駅方向に建設していくと、道幅は16・５ｍと広がる。それでも複線トンネルを横に広げて建設することは難しく、この区間も同様に上下二段のトンネルを建設することになった。

沿線には、関東大震災以前の老朽化した家屋が密集しており、道路中央に路面電車（都電）も走行していた。そのため、ちょうど路面電車の軌道真下に下水道、その下に千代田線用のトンネルが建設されている。

ちなみに、根津駅より先の湯島駅からは道幅も広くなり、Ａ線・Ｂ線が横に並んだトンネル構造になっている。千代田線は、軟弱地盤や道路幅の状況などによって様々な工法で建設されており、中でも道幅を考慮した上下二段構造の駅やトンネルは、その後の技術推進に大きく活かされた。

湯島駅から先の新御茶ノ水駅の間には地上を国鉄（ＪＲ）中央線が通り、その下を丸ノ内線、さらに下を神田川が通っており、その下に千代田線が建設されている。

ここでも地上からの掘削工事が難しいため、シールド掘削マシーンを使用しての建設工事が行われ、さらに日本橋川の神田橋下の工事は「凍結工法（軟弱な地盤を一時的に凍結し

千代田線・新御茶ノ水駅
ホーム

千代田線・大手町駅での凍土掘削。氷点下の作業のため、厚手の服装で掘削作業をしている（昭和43年）：地下鉄博物館提供

凍土化した後に掘削する工法）」も用いられた。

駅ビル方式の銀座線・渋谷新駅

渋谷駅旧駅に進入する1000系車両（平成28年）：Hide1228（CC BY-SA 4.0）

銀座線の渋谷駅は、昭和13年12月20日に東京高速鉄道株式会社によって建設された。

東京メトロのルーツは、東京地下鉄道からくるものだが、現在の東京メトロ銀座線は、浅草駅から新橋駅までを東京地下鉄道株式会社が、新橋駅から渋谷駅までを東京高速鉄道株式会社が建設し、それぞれに地下鉄の運行を行っていた。

渋谷駅の開業当時は地下鉄唯一の地上駅で、百貨店の3階に直接乗り入れる、いわゆる「駅ビル」方式の駅であった。

銀座線（浅草駅〜渋谷駅間）は浅草駅（地下

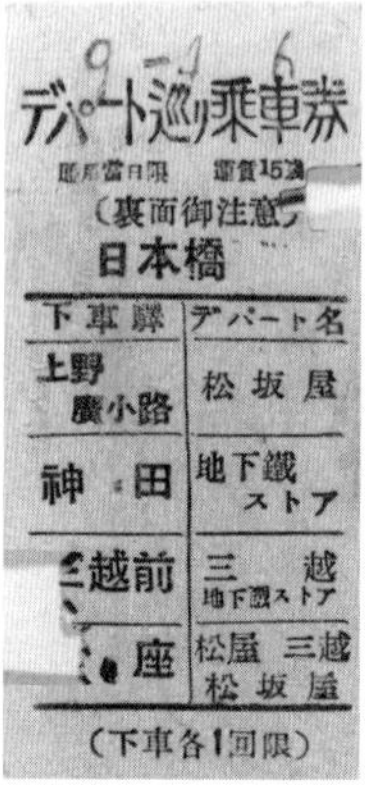

松坂屋や三越を回れるデパート巡り乗車券：地下鉄博物館提供

鉄ストア・松屋）、上野広小路駅（松坂屋）、三越前駅（三越）など百貨店に接続する駅が多く、「デパート巡り乗車券」なるものも登場し、大変好評であった。

渋谷駅が東急東横店に直接入ることになったのは、東京高速鉄道の創設者「五島慶太《ごとうけいた》」によるところが大きく関係している。五島慶太は鉄道院を経て民鉄に転じ、東急グループを創設。戦前戦中の地下鉄建設をめぐり大きな影響を与えた話も語り継がれている。

当時の渋谷駅はバリアフリーやユニバーサル機能などの概念のない時代の設計なので、ホーム幅が狭く、また他の鉄道路線との乗り換えも極めて不便な状態であった。戦前には、銀座線の運営が東京地下鉄道株式会社から帝都高速度交通営団（営団地下鉄）へと変更になる。

その後渋谷駅に半蔵門線などが開業しても、同一会社線でありながら、地上と地下とで乗り換える不便な状態が続き、隣の表参道駅で同一ホームにて平面乗り換えした方が、明らかに便利であった。

着工前の旧渋谷駅

戦前に建設された駅舎ということと、東急東横店の営業や周囲の交通の状態からも、なかなか抜本的な改良工事が行われなかったが、渋谷駅街基礎整備（いわゆるまちづくりの一環計画）と連携して、ようやく平成21年に、駅移設に伴う大改良工事に着手するようになった。

まちづくり計画では、東急百貨店渋谷駅・東横店も取り壊しとなるため、ホームの移設を行う。ホームは表参道駅寄りに約130m移設され、東口広場と明治通りの上に高架ホームとして令和2年1月に新設された。

現在のホーム幅よりも約2倍の広さの島式ホーム一面にして、安全面を確保する。改札口をホームの両側に設置して、最終的な工事が全て完了すれば各鉄道路線への乗り換えも改善され

建設中の銀座線・渋谷駅

ることになる。

エレベーターやエスカレーター使用での乗り換えも容易になり、駅としての機能を大きく改善することができる。この改良工事は、非常に大規模ながらも、列車の運行に合わせながら行ってきた。線路の移設や切り替えなどで工事期間中の数日、渋谷駅への列車の運行を取りやめ、各駅での折り返し運転を行う計画運休も実施されている。

約80年の時を経て、ようやくリニューアルされることになる。

ホーム上に取り付けられる恐竜の背骨のような「M型アーチ屋根」は、本来は楕円状のアーチが採用される予定だったが、屋上にスカイデッキ（連絡通路）を設置する都合上、安全上の措置として「M型アーチ屋根」となった。この形も、新しい渋谷駅のシンボルになっている。

ルート変更の末の丸ノ内線・御茶ノ水駅の建設

丸ノ内線は戦後初めての地下鉄として、昭和29年１月20日に、池袋駅〜御茶ノ水駅間が開業した。

当時の予定では、池袋〜御茶ノ水〜神田〜東京〜西銀座〜日比谷〜四ッ谷〜新宿の系統が計画されていた。先に池袋駅からの開業を目指して建設されたのは、戦後の池袋が、その近辺とともに大きく発展し、都心への交通量が急激に増加したためのようだ。

当時の同方向による交通機関は、国電（現在のＪＲの首都圏電車）山手線のみで輸送量はパンク寸前であった。丸ノ内線の御茶ノ水駅の設置は、国電中央線の御茶ノ水駅と直接連絡を予定していて、丸ノ内線のホームは駿河台側の地面の下に設置する形を考案していた。

しかしながら、中央線電車の運行を規制してまで工事をすることができないため、神田川を挟んだ対岸（本郷台地）側・道路下に、丸ノ内線の駅を建設し、国鉄駅との連絡通路は神田川をくぐる地下通路とし、国鉄駅の改良工事と合わせて建設を行うものとした。

景観を守るという前提のもと、まず神田川沿いの本郷台地山側の半分だけ掘削し、その

JR ホームから見た丸ノ内線。トンネルの中に御茶ノ水駅がある

部分にトンネルを構築した。

続いて、川側部分を掘削してトンネルを構築する、極めて珍しい建設方法を行った。完成した丸ノ内線の御茶ノ水駅は、神田川沿いの壁部分に埋め込まれているようなイメージで施行され、月日とともに草木が茂る様子が美しく見える。

御茶ノ水駅から先の淡路町方面への延伸工事には、本郷台側の川壁からガード橋で神田川を渡り、駿河台の川壁から地下へと入り込む構造をとっている。

本来ならば丸ノ内線は淡路町ではなく、国鉄・神田駅を経由して東京駅に至る計画であった。だがすでに神田駅には銀座線が敷設されており、そこに並行して丸ノ内線を建設する余地がなかった。また国鉄・神田駅の利用が逼迫《ひっぱく》している上に、丸ノ内線を通してしまうと、かえって悪影響を及ぼす可能性もあったという。

当時は地下鉄の下に、さらに地下鉄を通すということは技術的にも難しく、工事に膨大な期間がかかることを懸念していたのだろう。その結果、淡路町駅経由にルートが変更されたが、メリットは多く、池袋方向から都心に抜ける所要時間が短縮でき、建設費も節約できた。

この代替案ルートはのちに大当たりとなり、淡路町交差点下に建設された駅には、後から千代田線の新御茶ノ水駅や都営地下鉄・新宿線の小川町駅が接続され、地下鉄3路線が交差するターミナル駅へと変貌を遂げた。

常磐線から千代田線に生まれ変わった駅

昭和46年4月に開業した千代田線の北千住駅～綾瀬駅間の工事は、既存路線であった国鉄（現・JR）常磐線の高架化と並行して行われた。元々、千代田線の計画では国鉄が計画した「通勤五方面作戦」で、常磐線を都心方面に乗り入れさせることで、当時の混雑緩和を狙ったものである。

常磐線は、千代田線と相互直通運転を行うことでその目的を達成するのだが、当時から綾瀬駅～北千住駅間は、営団地下鉄が旅客運賃などの扱いを、国鉄常磐線と共通する形で業務を行っている。

というのも、常磐線の金町駅～綾瀬駅間は全て、千代田線直通列車しか停車しない扱いになっているため、千代田線開業以前から常磐線のみで都心方面に向かっていた人にとっては、綾瀬駅から先を千代田線利用にしてしまうと、運賃が割高になってしまうためだ。

それゆえに、綾瀬方面から常磐線上野方面に北千住駅で乗り換える場合の運賃形態を、千代田線経由と常磐線経由で共通にし、不便さを考慮した形になっている。

そもそもなぜ、接続駅を上野方面へ乗り換えができない綾瀬駅にしたのかというと、当時の営団地下鉄が、足立区内谷中（北綾瀬付近）に建設していた車両基地に由来する。入出庫のため、綾瀬までは営団地下鉄（千代田線）にしたかったと言われているのだ。

しかし、当時の常磐線・綾瀬駅の形態では、千代田線用にホームを増設することができなかった。やむなく既にある常磐線の駅をリニューアルし、千代田線の駅として営業することになった。そして千代田線の綾瀬駅として営業を開始したため、それまでの常磐線の上野方面の列車は全て通過することになり、その救済処置として前述のような処置がなされた。

相互直通相手の駅に、新たにホームを増設する方法は多くあるが、綾瀬駅のように運営形態が丸ごと変わってしまう駅は珍しく、千代田線への切り替え工事も従来にない形で行われた。

常磐線と並行する綾瀬駅〜北千住駅間の工事は、まず千代田線用の高架橋を完成させて、そこに常磐線の列車を運行させ、既存の常磐線の線路を解体してから、常磐線専用の高架橋を新たに建設した。

千代田線の線路に常磐線の列車が走行したのは、昭和44〜45年の1年間で、完成した綾瀬車両基地から、すでに開業している千代田線の北千住〜大手町間の回送列車が、同区間を走行する姿も見られたという。

話を綾瀬駅に戻すが、綾瀬駅の工事は常磐線の高架化とともに行われたリニューアルと言える。このあたりの地盤は弱く、強固な砂層のため、地下27〜35mまで杭が打ち込まれている。

千代田線の綾瀬駅開業で同駅は国鉄常磐線との連絡駅となり、綾瀬駅〜北千住駅は、運

常磐線・綾瀬駅が手前工事中の場所に移り、千代田線・綾瀬駅に生まれ変わる：地下鉄博物館提供

千代田線・綾瀬駅開業、修復式：地下鉄博物館提供

営は営団地下鉄（現在の東京メトロ）、運賃形態は営団地下鉄と国鉄共同という全国的にも特殊な事情を持つ区間となったのだ。

大深度での南北線・後楽園駅と溜池山王駅の建設

東京メトロ・南北線（7号線）は、20世紀末から開業が始まった路線で、前述のように21世紀に向かって、新しい要素がふんだんに注ぎ込まれた地下鉄である。

この時、すでに東京の地下鉄は銀座線、丸ノ内線、日比谷線、東西線、千代田線が全通しており、有楽町線の一部と半蔵門線が延伸中であった。

東京の地下鉄ネットワーク計画は完成に向かおうとしており、南北線の建設は既存の地下鉄路線を縫うように建設されている。

南北線とほぼ同時期に建設を行っていた都営地下鉄・大江戸線の一部では、地表からかなり深い場所に建設された駅もある。既存の地下鉄や施設を避けるために、近年の地下鉄建設は深く掘り下げていく方法が見られる。

ただ、地下を深く掘り下げてしまうと、地上とのアクセスに時間がかかるほか、防災上

南北線・後楽園駅ホーム

クリアしなければならない課題も多くなる。ここでは、南北線の後楽園駅と溜池山王駅の例を紹介しよう。

「後楽園駅」は、すでに昭和29年に丸ノ内線の駅として開業していたが、その駅は高架駅となっている。南北線の駅は都営大江戸線と共同の建設で、東京ドームの真下を通過する理由から、地表より深さ40ｍ（地下6階構造）の大深度で建設されることになった。

都営大江戸線との乗り換え改札を地下5階に備えているが、丸ノ内線（地上2階）と南北線（地下6階）の乗り換えには、約44ｍもの高低差があるので、相互の乗り換えにはエスカレーターを乗り継ぐなど、時間がかかってしまう。

後楽園駅は東京メトロの駅の中でも、一番乗り換えに時間がかかる駅になってしまったが、丸ノ内線1路線だった同駅にとっては、のちに開業した都営三田線（春日駅）、南北線、都営大江戸線（春日駅）が集中するターミナル駅に成長したことは忘れてはならない。

一方、溜池山王《ためいけさんのう》駅も既存の地下鉄路線や首都高速道路、その他重要な施設が集中するエリアで、工夫と経験が活かされる工事となった。

特に、首都高速3号線の真下に建設されることになった同駅始端部は、首都高速橋脚下受（アンダーピニング工法）と呼ばれる施工を採用し、橋脚ごと南北線のトンネルにつけ替えている。

この工法は、首都高速道路の橋脚部分に沿って、トンネルの天井を造ってから、トンネル本体を徐々に造っていくもので、既存の地上構造物に影響を与え

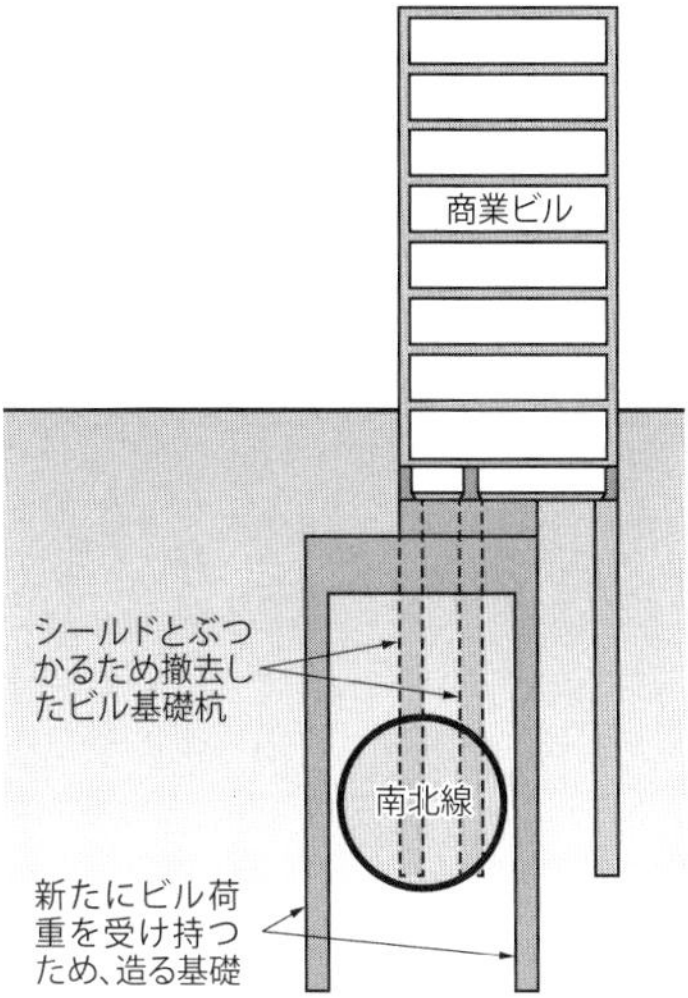

アンダーピニング工法の例。シールドトンネルにぶつからないようビルの基礎杭を撤去し、新たに基礎を造りトンネルを通す難工事（目黒駅～白金台駅間）

ることのない方法だ。まさに21世紀に向けた地下鉄建設にふさわしい方法といえるであろう。

この南北線の溜池山王駅の開業により、銀座線にも新駅が誕生となった。相互に乗り換えができ、千代田線の国会議事堂前駅とも乗り換えられる。

第5章　1日、758万人をさばく工夫

東京メトロのサインシステム

東京メトロの駅に行くと、必ず目にするのが各路線別に色分けされたシンボルマークである。高度経済成長期の地下鉄建設ラッシュに入ると、丸ノ内線、日比谷線、東西線と次々に新規路線が開業した。乗り換え案内サービスなどで「車両の色を路線別に色分けして、サービスの向上を図ろう」という構想が、営団地下鉄内から度々上がったという。

そこで、車両の色を銀座線の「みかん色」、丸ノ内線の「赤色」、日比谷線の「銀ねずみ色」に続いて東西線の「空色」、千代田線は「緑色」と決めていったのが、地下鉄の路線カラーの始まりである。

その間、東京都交通局（都営地下鉄）とも協議を行い、東京都内の地下鉄は路線カラーの差別化によって、わかりやすさを目指すようになった。

駅構内にある路線シンボルマークの案内板

出口に向かう表示は黄色

当時すでに開業していた路線の色は、車両のボディカラーを参考にした。銀座線は登場時の車体の色が黄色だったが、色が褪せた際に重ね塗りをしているうちに赤みが強くなり、オレンジ調になったことから「みかん色」がシンボルカラーになってしまったようだ。

のちに開業した有楽町線が黄色(現在はゴールド)ではなく、当初は「黄土色」だったことも、その銀座線のエピソードを聞くとうなずける。

路線カラーだけでなく、ホームから地上の出口まで、地下鉄駅全体の案内板のスタイルやフォントが統一されるようになっていく。

まず、ホームから地上や改札出口までは、黄色をベースとした案内板が用意されていて、出口の場所も、英数字で表記されている。外国人旅行者などにもわかりやすく、親切かつ丁寧な案内を行っている。

ここまでは、営団地下鉄時代に取り組んできたものだが、東京メトロに移行してからは、さらにバリアフリー（barrier free）や、ユニバーサルデザイン（universal design）に特化したサインシステムへと進化している。

路線シンボルマークには、カラーリングされたサークルマークに加えて各路線の頭文字（銀座線は「G」、千代田線は「C」など）を加えた。これは、色覚障害などのある利用者にも配慮し、文字を加えることによって、よりわかりやすくしたものである。

さらに都営地下鉄との統一を図るため、サインシステムをほぼ同一のデザインにしていくなど、地下鉄に乗り慣れない旅行者にとっての利便性の向上も目指している。

JRや私鉄などの他の鉄道事業者にも、シンボルマークが広がってきたため、それらを共有して交通事業者を超えたデザインの統一が進みつつある。

これらの取り組みは、「東京メトロ」などが主体となったサービスであり、案内板だけでなく、券売機の多言語化や車内案内表示の統一化など、レイアウトや仕様などでも、事業者が異なることで利用者が困惑しないような取り組みがなされている。

ホームドア設置の安全対策

踏切などの外的な影響がない地下鉄にとって、唯一の懸念と言われる「ホーム上からの転落」が防止できれば、列車の運行はほぼ完璧なものになる。ホームドアによって、安全面がより一層確保されたほか、運転面では運転士に車掌業務も兼任させるワンマン化も実現した。

運転面での費用も抑えることができるため、営団地下鉄のみならず、他の鉄道会社でも、ホームドアを導入する動きが加速していった。

地上を走る私鉄やJRなども、ホームドアの設置や線路の高架化を進めることで、運行障害をできるだけ少なくし、今後の少子高齢化による人員不足を改善していこうとしている。

南北線で始まったホームドアの導入は、副都心線をはじめ、既存の路線でも駅のリニューアルと同時に進められている。

南北線のフルスクリーンタイプのホームドア

丸ノ内線のホームドア

また銀座線（浅草駅〜渋谷駅）は、全駅でリニューアル工事の真っ最中であり、工事が完了した駅では、すでにホームドアの稼働が始まっている。

副都心線、有楽町線、千代田線などの相互直通運転が盛んな路線では、乗り入れ相手の会社線からの協力が得られ、ホームドアに対応した車両の導入や、ATOの搭載工事も行われている。

当初、費用対効果に疑問を持っていた鉄道会社も、今では相互の理解を深め、ホームドアの積極的な導入を進めている。南北線で本格的に始まったホームドアは間違いなく、数年後、首都圏の鉄道をほとんどカバーする重要な存在になるだろう。

発車標の進化

駅のホームにある重要な案内の一つ、列車の発着時刻を伝える発車案内標について話そう。

発車標と言えば、15年以上前の営団地下鉄時代に設置されていた、パネル回転式の発車標「先発」が「つぎ」、「次発」が「こんど」という表示が懐かしい。「つぎ」も「こんど」も、直感的には理解しにくい。「こんどもつぎも、同じ意味ではないのか？」という風に誤解を招いてしまう場合もあっただろう。

この発車標は、上下に分かれて表示されているので「つぎ」が先発であると推測はできた。この表示方法は長らく使用されていたが、電光の表示になってからは、発車時刻が表示されるようになり、戸惑うことはなくなった。

ちなみに、半蔵門線の水天宮前駅〜押上駅間の延伸開業時に導入された発車標では、列車接近時に「東京メトロの車両です」や、「東急の車両です」「東武の車両です」という風に、どこの会社所属の車両かを表示するようになっている。

これは、半蔵門線に乗り入れている東京メトロ・東急電鉄・東武鉄道の車両が、優先席や車椅子スペースの位置がそれぞれに異なっていたための案内であったという。

東京メトロでは、発車標ひとつとってもそれぞれの路線の事情によって、異なった表示をする場合がある。

近年、列車の位置を示すシステムの進化から、より詳細な列車情報が表示できるようになった。

現在、東京メトロに導入されている発車標は、日本信号株式会社が開発した「HALF LCD eco（ハーフエルシーディーエコ）」と呼ばれる、薄型液晶パネルを使用したものである。

現在の日比谷線の発車標

とても軽量で、天井などの構造物への負担を軽減しているので、地震などが発生した場合でも、落下しにくい構造である。

東京メトロが以前使用していたのは、営団地下鉄時代からの「電光表示型」で、オレンジと赤と緑の発光ダイオードで表示するものであった。特にオレンジのダイオードは、高齢者の中には見えにくいと訴える人が多く、液晶表示にしたことで、視認性が向上したと言える。年々、増加傾向にある海外からの利用者にわかりやすく案内ができるよう、「日本語」「英語」「中国語（簡体字）」「韓国語」と四言語の表示が可能で、駅の構内放送と連動して、よりきめ細やかな情報を案内している。

また、駅のナンバリングに対応した発車標は、「HALF LCD eco」が初めてで、自社線内のナンバリング表示はもちろん、直通先のナンバリングまで表示をし、利用者にとっても伝わりやすい表示をしている。

液晶表示になった新しい発車標には、緊急時や非常の際の対応もできるとのこと。東京五輪に向けて、訪日外国人の安全にも考慮した対策だと言える。

「丸の内」「原宿」、副駅名称の設置

東京の街は、狭いエリアにいくつもの地区がひしめき合っている。そんな地域をくまなく走る東京メトロの駅名称には、本来の名称の他に、利用者にわかりやすく「副駅名称をつけた駅」が存在する。

最近の話でいうと、千代田線の「二重橋前駅」だ。二重橋前駅は、日比谷通りの真下にあり、ちょうどＪＲ・東京駅の丸の内口に出るのに便利な駅である。

東京メトロは、丸の内界隈のオフィスビルの最寄りであることから、平成30年３月17日のダイヤ改正より「二重橋前駅」〈丸の内〉という副駅名称を追加したのだ。駅自体の地番も、千代田区丸の内二丁目にあたる。

東京駅丸の内口と言えば、丸ノ内線の東京駅を思い浮かべるが、日比谷通り側の皇居の周辺を考えると、国際ビルヂングや東京會舘《かいかん》などの施設は千代田線の二重橋前駅の方が確かに近い。

東京メトロとしては、二重橋前駅も丸の内地区の最寄りとして、さらに多くの人に認知

明治神宮前〈原宿〉駅名板

してもらうための処置だったという。

同じように千代田線と副都心線の「明治神宮前駅」では、〈原宿〉という副駅名称が平成22年3月6日より使用されている。これもJR山手線の原宿駅と隣接していることなどが理由である。

近年、このように駅名称に副名称を追加されることがあり、東京という狭いエリアでは、実はわざわざ山手線に乗り換えなくても、そのまま東京メトロで東京駅の近くまで行けるし、原宿駅にも乗り換えなしで行けるという事実をアピールしたかったのだろう。

今後も、このような副駅名称が誕生する可能性がある。例えば「代々木公園駅」が、小田急線の代々木八幡駅と近いことから〈八幡〉を追記したり、神田駅が須田町に近いことから〈須田町〉を追記したりしても、良いだろう。

こんな対策法は、狭いエリアに構築されている東京の街の移動手段である「東京メト

須田町が近い銀座線・神田駅

ロ」ならではの強みと技と言っても、過言ではない。

副駅名称を追記表示することで、目的地へ向かう人々をうまく誘導しているのだ。

緊急時の外国人への通知対応

日本政府観光局（ＪＮＴＯ）によると平成30年の訪日外国人観光客は、約３１１９万人となり、これは、統計を始めた昭和39年以来最多の数である。

東京五輪に向けて、外国人への案内対応にも力を入れていることはすでに紹介してきたが、ここでは、事故や災害時の対応について紹介しよう。

東京五輪の誘致アピールで、滝川クリステル氏が言った「お・も・て・な・し」には、日本の良さを象徴する言葉として結構なインパクトがあったらしい。外国人観光客にとって、日本は人気がある観光国だ。

そんな魅力的な日本だが、忘れてはならないのは「災害の多い国」であること。令和元年に発生した台風19号の被害は、記憶に新しい。

近年、台風などの自然災害が大きくなるのを見据えて鉄道業界が始めたのが、「計画運休」である。台風などの進路によって、被害が予想される地域を走る鉄道各線を、事前に周知させた上で、運休させることを言う。

時間の正確さや、事故や運休が少ないことをメリットにしている鉄道会社にとって、この判断は極めて難しい。

台風19号上陸時に東京メトロでは、主に地上区間（日比谷線では北千住駅〜南千住駅、東西線では東陽町駅〜西船橋駅）などの、地上に直結する区間を運休させたが、災害異常時の対策としても「外国人への対応」が必要とされている。

東京メトロでは、異常時でも訪日外国人にわかりやすく、安全に避難や振替輸送への誘導ができるように情報提供をしている。

翻訳アプリの活用

駅構内では、「構内一斉放送」の多言語化などを行っているが、より細かい案内ができるようにと、タブレット端末で多言語アプリを利用した「はなして翻訳」（ＮＴＴドコモとの共同開発）を活用している。

このアプリは12カ国語（英語・中国語・韓国語・フランス語・ポルトガル語・ドイツ語・イ

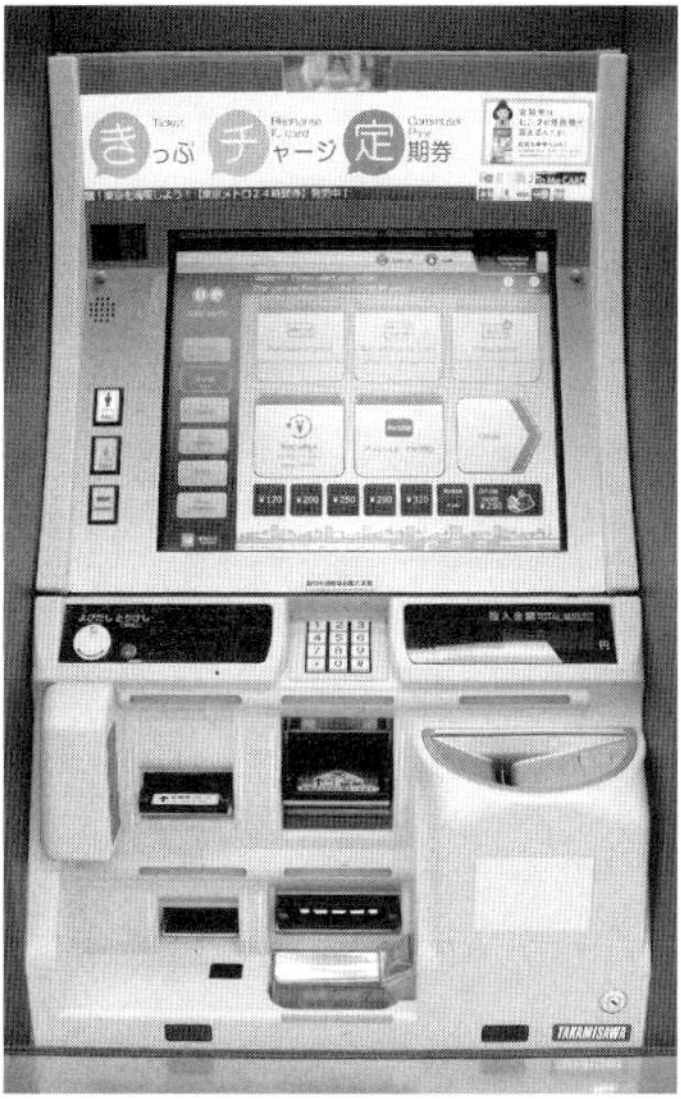

多言語に対応した券売機

多言語に対応した案内板

タリア語・スペイン語・タイ語・インドネシア語・ロシア語・ベトナム語）の翻訳に対応可能である。

特に「振替輸送」や「運休」など、鉄道輸送や案内に特化した定型文を登録しているため、誤訳することなく案内ができる。

同じように、駅構内一斉放送も、事前に登録した文章をアプリ上で選択することで、多言語放送ができる。振替輸送や計画運休前のお知らせも、日本語放送のような内容性の高い放送が実現している。

東京メトロでは、駅構内の案内板や車両、その他の設備とともに、訪日外国人に対するソフト面での対応も柔軟に行えるよう努力している。

都営地下鉄編

第6章　様々な工法が採用された浅草線

川底を凍らせ、隅田川を横断

都営初の地下鉄は、現在の浅草線である。まずはこの浅草線開業からみてみよう。東京都交通局初の地下鉄開業は、昭和35年12月の押上駅～浅草橋駅間の1号線（現在の浅草線）であった。

東京では銀座線、丸ノ内線に次ぐ3番目の地下鉄路線の開業であるが、1号線という名称になったのは、当初海側より号数を振ったためだ。

それまで陸上交通として都電を運行していた東京都交通局が地下鉄を走らせるにあたり、この最初の開業は特に苦労があった。

押上駅～浅草橋駅間は、地盤の弱い地域である上、本所吾妻橋駅～浅草駅間では隅田川の下を通らなければならない。初の地下鉄を建設するにもかかわらず、当時一般的であった開削工法だけでは済まなかったのである。

そこで、隅田川を横断するため、いくつかの工法のうち潜函工法（ケーソン工法）を用いて建設が行われた。潜函工法とは、簡単に解説すると、トンネルの基礎となる構造物を一定区間ごとにあらかじめ地上で造り、川の一部をせき止めた上で川底に埋めていく方法で、隅田川では実に9ブロックが埋められ、つなぎ合わされた。

現在のようなシールド掘削工法が主流になる前は、川を横断するのには苦労が伴ったことがうかがえる。1号線では、大門駅〜三田駅間の古川を横断する際に、川底を凍らせて工事を行う凍結工法が用いられるなど、様々な工法が随所に見られるのがひとつの特徴と言えよう。

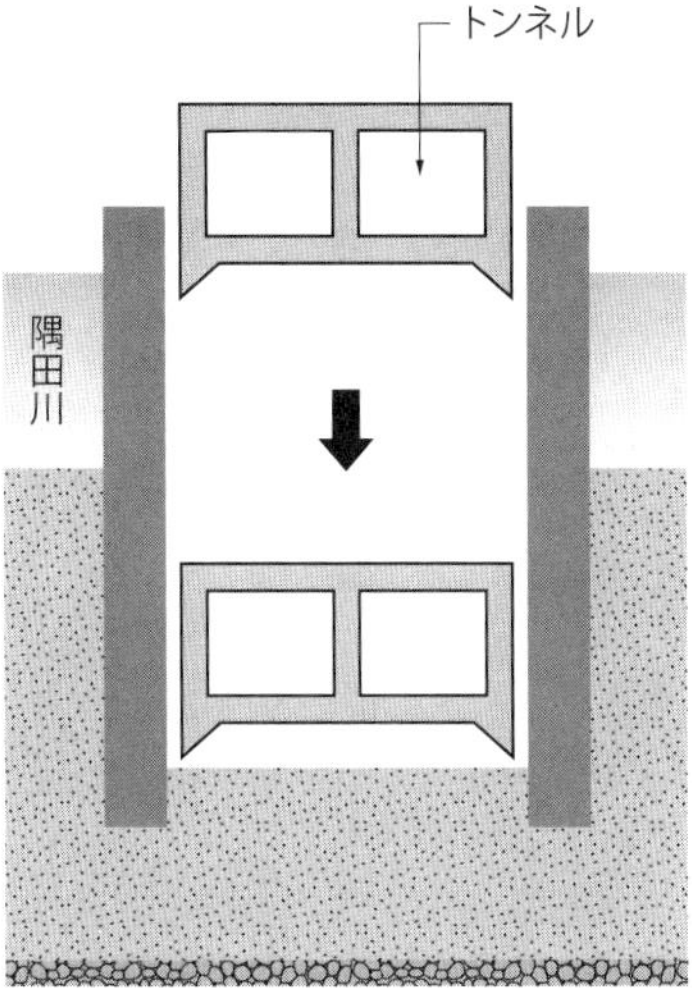

隅田川横断工事の仕組み。9つものブロックをつなぎトンネルにする

都営地下鉄初のシールド工法駅

都営地下鉄1号線（現在の浅草線）

シールド工法で掘られた現在の高輪台駅

は、昭和43年に西馬込駅まで達し全通となるが、高輪台駅付近は駅を含め、東京都交通局初のシールド工法による掘削が行われた区間である。

一口にシールド工法と言っても、実は色々な方式がある。この高輪台駅付近で使用されたシールド工法は、現在見られる一般的なシールドマシンによる泥土加圧式と異なり、手掘りの圧気式で、東京メトロ・丸ノ内線の国会議事堂前駅でも行われた方式である。

現在はトンネルと駅とでシールドの口径を変更しているが、この方式は、シールドの口径を途中で変更する技術がまだ確立される前のものである。そのため、高輪台駅構内用の口径の大きい断面でトンネルも掘り進められ、駅間の地下空間は現在のシールド掘削工法によるものより広いのが特徴である。

シールド工法により建設された高輪台駅は、他の1号線の駅とは様子が異なり、当時としてはまさにトンネルといった雰囲気であった。地下鉄路線が増えるにつれ、同様のシールド工法による駅が誕生したため、今では珍しいものではなくなった。

ホームが地下駐車場を挟んだ東銀座駅

1号線の東銀座駅が開業したのは、昭和38年2月28日のことで、人形町駅からこの東銀座駅までの開通となった。

東銀座駅に到着した列車は、旅客を降ろしたことを確認後、新橋方面の暗闇に走り去ってしまい、到着後すぐに折り返しにはならなかった。

実は、この時すでに回送列車は、未開業であった新橋駅手前にある汐留《しおどめ》信号所（現在の汐留信号所とは別）まで回送され、そこで折り返しを行っていたのである。

当初は人形町駅〜新橋駅間を同時開業する予定であった。新橋駅付近の用地買収などに難航するなど、新橋駅の工事に時間が必要となったことの暫定《ざんてい》処置である。

汐留信号所はのちに本線となるため仮設であり、シザースクロッシング（2組の渡り線

日比谷線との連絡駅である東銀座駅

〔140ページ参照〕が交差している分岐器で、終着駅の手前などでよく見られる）を設け、短期間の使用となった。

この間は、東銀座駅の南行ホームは降車専用として使用されたわけだが、この東銀座駅には特徴がある。乗車用の北行ホームが他の駅と異なり離れている構造で、南行線と北行線の間には、並行して走る昭和通りの地下駐車場がある。

本来であれば、この駐車場の下に駅を建設するところであるが、交差する東京メトロ・日比谷線ともども、深い位置に駅を設置すると建設費も高くなってしまうことから、この地下駐車場横に、都営地下鉄の東銀座駅が誕生した。

現在では、用地の関係やシールド掘削工法によって、ホームを上下に配置する駅も存在するが、当時としては珍しい部類に入るのではないだろうか。

道路計画に翻弄された大門駅

JR浜松町駅や東京モノレールにほど近い、国道15号線の大門交差点の地下に、都営地下鉄の大門駅は開業した。

大江戸線はまだ開通していなかった当時、1号線単独で、ごくごく普通の相対式の駅（線路を挟んで両側に、プラットホームを設置した駅）であったが、地上部を通る国道15号線の大門交差点には、国道の立体交差が予定され、橋脚《きょうきゃく》の位置を予め避ける形で、地下鉄の駅が建設された。

この橋脚建設予定により面積に制約が生じ、旅客の利用や駅係員にとってに不便なレイアウトとなっていた。

せっかく苦労して設計されたのにもかかわらず、立体交差の計画が中止され、橋脚の基礎が入る予定であったスペースが無駄になってしまっていた。

しかし、この無駄になっていたスペースはのちに開業する大江戸線の連絡階段として活用され、大江戸線へ改札口を出ることなく連絡できるようになる。

大江戸線開業により設置された浅草線との連絡通路

大江戸線の大門駅には、新規に改札口を設けたことによって、JRと東京モノレール両線の浜松町駅へ至近の改札口や連絡通路が造られ、旅客の動向も大きく変更を生じた駅である。

第７章　悲願の開通を果たした三田線

短命だった志村駅

都営１号線（現在の浅草線）が西馬込駅に達し、全線開通した翌月にあたる昭和43年12月27日、新たに都営６号線（現在の三田線）巣鴨駅〜志村駅間が開業した。

この都営６号線は、東武鉄道・東上線と東京急行電鉄（現在の東急）・池上線との相互乗り入れを予定していた関係で、１号線の軌間（左右レール間）である１４３５㎜ではなく、東武鉄道と東京急行電鉄に合わせた１０６７㎜で建設された。

６号線は、志村駅から東上線の大和町（現在の和光市）を経て東上線に、三田駅から泉岳寺駅を経由して、桐ヶ谷付近で池上線へ乗り入れる計画であった。

東急では、池上線の大崎広小路駅と戸越銀座駅の中間にあった、桐ヶ谷駅（昭和28年に廃止）を復活し、ここから地下に入って、地下駅に移設した五反田駅から泉岳寺駅まで都

開業当時の三田線（6号線）・志村駅行き：東京都交通局提供

営1号線と並行する東急泉岳寺《せんがくじ》線を計画した。この泉岳寺線は、その先三田線へと乗り入れ、志村駅から新線で東武東上線の大和町駅へ至ることとしていた。そして6号線が乗り入れてくる池上線は、旗の台駅から大井町線を経由し田園都市線の長津田駅まで直通することを目論んだ。

しかし、昭和47年の都市交通審議会「東京圏高速鉄道網整備計画」答申第15号では、埼玉県側を大宮市西部から戸田市西部を経由して高島平駅に至り6号線とつなぐ計画とされた。これで東上線との乗り入れはなくなった。

さらに、清正公前（現在の白金高輪

駅）から港北ニュータウンを目指すルートが提案された。東急側としては、田園都市線乗り入れを目論んでいたので、この乗り入れ計画は頓挫してしまった。東急田園都市線の地下鉄乗り入れは半蔵門線で達成され、６号線は計画変更で目黒へ線路をのばした。

相互乗り入れは平成12年の目黒駅開業まで、待つことになってしまう。乗り入れ相手を失った６号線は、昭和51年までのしばらくの間、志村駅で延伸がお預けになった。

板橋区のこの地は開業当初、団地の建設前で、広々とした駅前に、高架上を走る地下鉄を遮る建物は全くと言っていいほどなかった。

志村駅は、６号線開業の翌昭和44年８月１日に高島平駅と早々に改称をしてしまうので、約七カ月間だけの駅名であった。

新板橋駅と御成門駅の引上線

開通にあたり、一般的には、途中駅にも運行障害などで使用する折り返しのポイントを設ける。

６号線の場合、新板橋駅と御成門駅には折り返しのポイントだけでなく、引上線も用意されている。

新板橋駅ホーム

御成門駅ホーム

新板橋駅は西高島平駅方向に引上線があり、最終列車が新板橋駅行きとして運行され、この引上線で滞泊し、翌日始発列車として運行される。

一方、御成門駅は目黒駅方向に引上線が設けられているが、令和元年現在、以前は存在した折り返し列車はなくなり、定期列車の使用も設定されていない。

近年では、いたばし花火大会での列車増発で御成門行きの設定があり、なかなか見られない行き先となっている。

御成門駅に引上線を建設した経緯は、地上部の道路が広く、3線分の用地確保が容易であったことと、東上線との相互乗り入れ時を想定して、乗り入れ距離を調整するのに適した距離にあったからとも言われている。だが、東上線乗り入れが実現しなかった今日、頻繁に使われることのない引上線となってしまった。

上下構造の三田駅

6号線・三田駅は、地上の用地の関係と将来中間駅になることを想定し、上下構造で設計された。

この三田駅も1号線大門駅と同様に、地上部道路の立体交差計画があったため、橋脚の

三田駅のホーム。ここからカーブを描いて白金高輪駅へと続く

基礎となる部分の用地確保が困難であったことなども、上下構造となった要因となっている。

目黒駅へ開通するまで、三田駅がしばらく終点であったため、この上下構造にはダイヤを引く上でも泣かされたことであろう。

上下構造とした場合、駅を出発してすぐに渡り線（複線区間で相互に列車が行き来できるように設けられたポイント）を設けられないというデメリットがある。6号線の場合は、隣の駅の芝公園駅手前で渡る（複線の別の側の線に移動すること）構造になっていたので、増発ダイヤを設定するには、三田の折り返しがネックとなっていたからである。

そこで、御成門駅の芝公園駅側に設置されている引上線で折り返す列車を設定することで、西高島平駅〜御成門駅間で増発が実現された。この御成門発着列車は、平成29年のダイヤ改正で姿を消している。

現在では、東急電鉄との乗り入れを果たし、三田駅も本来の姿である中間駅として機能している。

第8章　川を越え、川をくぐる都営新宿線

川をまたぐ東大島駅

東大島駅は、昭和53年12月21日に都営新宿線（計画時は10号線）最初となる東大島駅〜岩本町駅間が開業した際に誕生し、旧中川をまたぐ形で建設された高架駅である。川をまたぐ駅として、関東の駅１００選にも選ばれている。開業当初は、未開業である船堀駅方向に渡り線を設け、のちに本線となる部分を引上線として利用していた。

この時に設置した渡り線は昭和58年の船堀駅開業の際に、船堀駅に渡り線の設置が困難であったことから引き続き活用され、昭和61年の篠崎駅開業の際に撤去された。

建設から年月を経ているため、現在ではリニューアル工事が進められ、ホーム側壁に窓を設置し、旧中川が一望できるようになったのは嬉しい限りである。

旧中川をまたぐ、東大島駅全景

シールドマシンで掘削した浜町駅のホーム

住民待望の浜町駅

新線開業にあたり、地元の強い要望によって、駅が建設されることがある。

新宿線の浜町駅も計画の段階では存在しなかったが、地元の人たちの強い要望により、建設されることになった駅である。また都営地下鉄では、高輪台駅に次いで二例目のシールド掘削工法による駅となった。

高輪台駅建設時は、手掘りシールドによる掘削方法であったが、10号線建設の際は、シールドマシンを使用した機械掘りで、工事の効率も向上した。

浜町駅のホームは、南行線と北行線の二本のシールドを隣り合わせにつないだ形で島式ホームになっており、隅田川を横断するため、非常に深い所に位置する。地上部分には浜町公園があり、用地確保も問題がなかったものと思われる。

両隣となる馬喰横山《ばくろよこやま》駅、森下駅との駅間距離は、この駅を建設したことで短くなったが、近隣には明治座もあり、計画変更を受け入れやすい条件が揃っていたことも、駅建設につながった。

急行待避が可能な岩本町駅のホーム

計画通りに建設してほしかった岩本町駅

10号線は、新宿駅での京王帝都電鉄(現在の京王電鉄)との相互乗り入れ以外に、本八幡《もとやわた》駅で千葉県営鉄道との乗り入れが計画されており、千葉ニュータウンからの旅客輸送も計画されていた。

地下鉄にしては珍しく、地下区間でも急行運転を当初から念頭に入れ、設計されている。最初の開業時に終点となった岩本町駅も、当初の計画では、二面四線(ホーム二面に線路が四線)で待避可能な駅として計画されていた。

ところが、千葉ニュータウンの計画が変更され規模が縮小されると、利用客数の予想も計画当初より下回り、本八幡駅から先の千葉ニュータウンを目指していた千葉県営鉄道計画自体も見直しすることになってしまった。

新たな鉄道の必要性がないとの判断のもと、建設が厳しいものとなったのである。

こうした状況もふまえて、岩本町駅開業の際は、二面三線に規模を縮小することになった。

結局千葉県営鉄道計画は消滅してしまう。岩本町駅の規模を縮小したのは賢明に思われたが、後年新宿線が急行運転を実施するようになることを考えると、最初の計画通り二面四線で建設されていれば、現在以上に効率的であったと、いささか悔やまれる。

九段下駅のバカの壁

昭和55年3月16日、新宿駅〜岩本町駅間が開業し、都心部への本格的な乗り入れと、京王電鉄との相互乗り入れが開始され、城東地区（千葉方面）からのアクセスが一層便利になった。

余談ながら新宿線は、京王電鉄と相互乗り入れすることから、軌間を1372㎜とした。そのため、この時運行していた都営地下鉄3線、全ての軌間が異なることになってしまった。

この新宿線の開業によって新たに開業した九段下駅には、壁一枚越しに、まだ開通して

複々線のような壮大な九段下駅ホーム

いない営団地下鉄・半蔵門線の基盤が造られていた。営団地下鉄からの依頼によって、東京都交通局が建設を請け負っていたのである。

九段下駅の神保町駅寄りにある日本橋川を渡る工事は、凍結工法によるもので、川底の土を凍らせて掘削して行く方法だ。

工事による地上交通の妨げを最小限で済ませられることや、河川への影響が小さいなどの利点があるが、凍結による温度変化から、地上の構造物がまれに歪むことがあるなど、問題が生じる。

半蔵門線開業の際に再び工事を行うとなると、周囲にも迷惑となるので同時に施工し、工期の短縮を図った。

同時施工で三面四線分が建設されたが、真ん中の島式ホームは会社別に壁で仕切り、二面二線ず

首都高5号線下を流れる日本橋川：編集部撮影

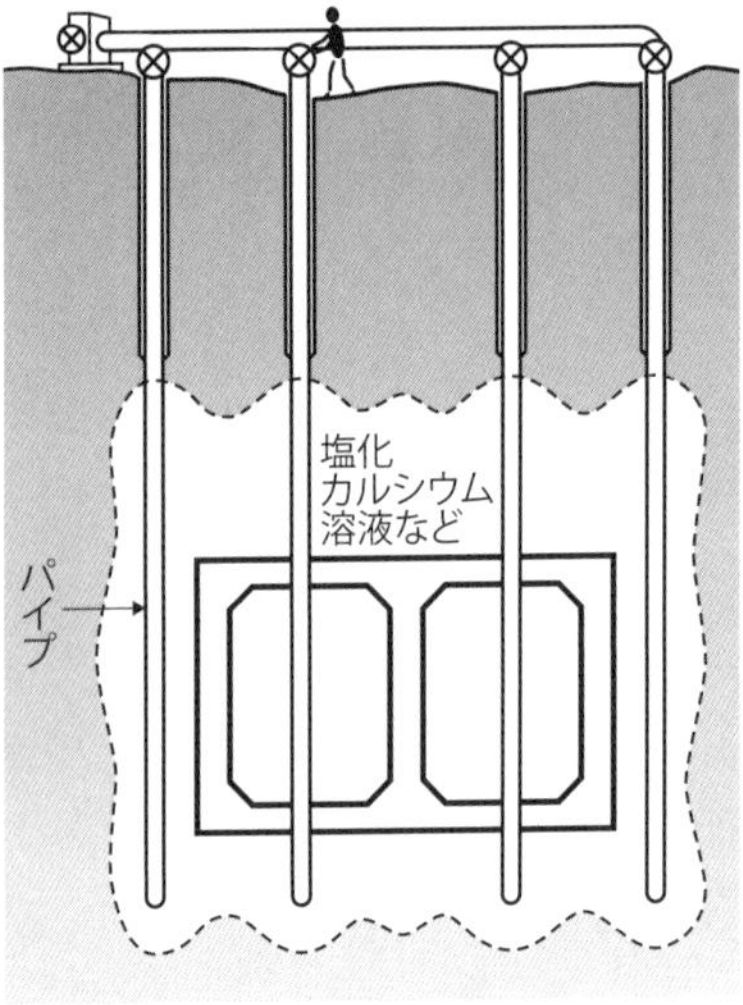

凍結工法の図。この場合は幅46m、奥行き49mの日本橋川にマイナス46度の超低音の液体を網目状に設置したパイプから流し込み、9カ月かけ周囲の土を凍結した。

東京メトロと都営地下鉄間を隔てる壁が撤去された九段下駅のホーム：Rsa（CC BY-SA 3.0、一部改変）

つで、半蔵門線開業後もしばらくそのまま使用されていた。当時の東京都知事である猪瀬直樹氏が、この九段下駅の仕切り壁を、〝バカの壁〟と呼び揶揄《やゆ》した。その後、地下鉄一元化に向けて協議会を立ち上げ、サービス向上のための実施策として平成25年に撤去されたのは、ご承知の通りである。

瑞江《みずえ》駅の待避線

岩本町駅同様、通過待避が可能な駅として当初から設計されているが、岩本町駅と異なり、設計変更されずに建設された。これまでの地下鉄は、各駅停車が主体だったが、路線距離が延びると、速達列車の必要性が出てきた。新宿線は開業時から将来の列車体制を考

瑞江駅の待避線。壁の向こうが急行線になっている

慮した造りとした。

岩本町駅は、乗り継ぎ可能な二面四線で計画されたが、こちらは最初から通過待避が前提のため、壁を挟んで通過線を設置した一面四線構造で、外側を通過線としている。

壁を挟んで地下に通過線を設けた前例として、東急電鉄・新玉川線（現在の田園都市線）桜新町駅があるが、桜新町駅では一面二線ずつの上下構造で、瑞江駅とは異なる。

瑞江駅は通過線を設けたものの、開業当初急行運転は行われていなかったため、せっかくの通過線も留置線として使用されていた。

しばらくこの状態だったが、平成9年12月24日より急行運転が開始され、11年目にしてようやく設計本来の役割を果たすようになった。

第9章　日本一長い大江戸線

オイルショックで絶体絶命

三田線には乗り入れやルートの変更を繰り返した歴史があるが、大江戸線（12号線）も複雑な歴史を経て、今日に至っている路線である。昭和47年の都市交通審議会「東京圏高速鉄道網整備計画」答申第15号で、初めて示された。

計画された頃は、地下鉄の規格車両や施設が現在のリニア式によるミニサイズではなく、三田線や新宿線などと同様のフル規格による地下鉄で、6の字運転はこの頃からの計画であったが、ルートは現在と異なっていた。

ところが、交通審議会から12号線建設の免許を取得した昭和49年、社会はオイルショックに見舞われる。日本経済が大きなダメージを受け、地下鉄の建設にも大きな影響を受けることとなった。

経済状況が厳しくなり、12号線は計画半ばで見合わせとなったが、建設中の10号線（新宿線）は影響を受けながらも、続けられた。また、12号線は計画が中断されながらも、免許の返上はしていないので、計画線として残ることになった。

しかし、このままでは免許の期限返納で、幻の地下鉄となってしまうことから、建設費用の大幅な削減を目標に計画見直しを行い、フル規格からミニサイズの地下鉄へと変更された。

内容は、地下の掘削部分を抑制し、小型の車両を製造して走らせるというもので、現在の雛形が計画された。建設費用削減により、再び建設への施行認可を取得し、昭和61年に放射部（光が丘駅～練馬駅間）から、ようやく着工にこぎつけるのである。

この区間の着工当初、計画していた車両は小型ながらリニアモーターによる駆動方式ではなかったため、リニアモーターで運用されるリアクションプレート（線路中央に敷かれた金属の板）の取り付けは、後から設計変更で補われた。練馬駅～新宿駅間建設からは、トンネル構造の設計を大幅に変更した。

オイルショックによる紆余曲折の末ではあるが、なんとか無事開通にこぎつけることになったわけだ。

ルート変更名残りの新宿地下通路

オイルショックで影響を受ける中、昭和49年に免許を取得していた頃と比べ、いくつかの区間でルート変更が行われている。

これによって、西新宿五丁目駅、都庁前駅、新宿駅、新宿西口駅、六本木駅、汐留駅、築地市場駅、飯田橋駅などの駅が誕生することになった。免許を取得した当時は、一極集中を避ける考え方があり、他路線との接続駅も少なく計画されていた。

しかし、これでは利用者には不便であり、計画見直しの際には、他路線との接続駅を増やし、利便性を図った。

京王電鉄との接続駅となる新線新宿駅は、計画変更前に建設工事が進められ、初台駅方向の改札口より都庁方向への連絡通路が、都庁移転前より建設されていた。

この地下通路は12号線の最初のルートで予定されていた西新宿駅が開業した際に、連絡通路として使用する目的で建設されたが、大江戸線が新宿駅経由となったことから、都庁方面出口として転用したものであり、ルート変更による名残りの通路となっている。

新宿駅への上越新幹線計画

12号線の当初の計画経路は、新宿駅は通らず、現在の東京メトロ・丸ノ内線西新宿駅に近い位置であった。環状部と放射部の接続駅として、現在の都庁前駅とは近隣ながら、別の場所に駅が計画されていた。

新宿駅という一大ターミナルに接続しなかった理由のひとつは、先にも話した一極集中を避ける方策が、当時の運輸省によりとられた結果である。近くを走りながら主要となるターミナルを避けるのは、現在では考え難いことだ。

名目上は運輸省からの指導だが、実は新宿駅には早い時期より上越新幹線が地下部に乗り入れる計画がされていて、地下空間に用地を確保していたのである。

そうした理由から、上越新幹線の建設位置を避けて建設しなければならなかった。当時の国鉄との力関係や建設費用を考えると、実際は色々と大人の事情があったものと思われる。

地下空間に余裕がないながらも、この地下空間を避けて、昭和53年に京王帝都電鉄の新線新宿駅が開業し、2年後の昭和55年には新宿線の開業でこのホームを使用し、相互乗り入れを開始する。

上越新幹線が使用する地下空間を避けて、深い位置にホームが建設されているが、初台駅方向には引上線を設けるなど、一面二線ながら最低限の設備は確保されている。

結局、平成9年には12号線・新宿駅が開業し、新線新宿駅と連絡通路で結ばれ現在に至っているが、上越新幹線用に確保されている空間が、現在どのようになっているかは不明で、今後使用されるのか興味は尽きない……。

深い位置に建設された大江戸線のホーム

工夫を凝らしたデザイン

昭和末期から平成初期に開業した12号線は、他の都営地下鉄に比べて設計された時代が新しいゆえに、開業時の仕様が他の路線とは異なる部分を多く見ることができる。

例えば、バリアフリー対策としてスロ

照明・空間などに工夫を凝らした飯田橋駅

ープやエレベーターの設置はもちろん、駅構内のデザインは、特に工夫を凝らしたものが多い。

建設にあたって、デザイン検討委員会を設け、駅が旅客に親しまれるように設計されている。

駅全体のデザインをはじめ、色や「ゆとりの空間」などの設定を、この時に基本方針として取り入れたため、大江戸線全駅において踏襲されている。

個性あるデザインの駅も多く見られ、それまでの都営地下鉄の駅とはかなり異なった印象を受ける。この設計選定にあたり、駅デザイン審査会が発足され、複数の建築家から設計提案を公募するプロポーザル方式がとられ、優秀なデザインが採用された。

その結果、飯田橋駅は日本建築学会賞を受賞し、さらに、新宿西口駅、牛込神楽坂駅、飯田橋駅、春日駅、森下駅、清澄白河駅、大門駅、麻布十番駅、青山一丁目駅、国立競技場駅の各駅が、グッドデザイン賞の建築・環境デザイン部門の金賞を受賞している。

普段何気なく利用している大江戸線の駅には、非常に様々なデザインがあるので、利用する際はぜひとも注目していただきたい。

1日1億円、約1兆円もの建設費用

大江戸線は、1日開業が遅れると、1億円の損失となる。12号線建設にあたり、ネックとなったのは約9600万円もの莫大な建設費用である。そのうち東京都（一般会計）からの無利子貸付金が約2900億円、残りの約7000億円強が借入金である。

借入金の利息は1日あたり約5700万円であり、開業すると1日の営業収益は約4500万円のため、合わせて約1億円。よって、1日早く開業すれば1億円の得となるが、1日遅れた場合、1億円の損失となる。

大江戸線は先にも記した通り、オイルショックなどで一時は幻の地下鉄になりかけた。では、一体どのようにして経費削減を行ったのか？　完成後に利用している自分たちにとって一番目につく部分は、地下鉄のサイズではないだろうか。

トンネルの断面を小さくすることで、掘削費用の削減につながり、総延長の長い路線計画ながらも着工に至ることができた（大江戸線は、地下鉄で日本一の営業距離を誇る）。

車両も小型化するため、リニアモーター式が採用され、従来のフル規格の車両に比べて、急な曲線や勾配に強くなった。環状部開業では３０４両という大量の車両新製を一括発注することでも、経費削減を図ることができた。

駅建設では、構内の高さやコンコースを従来より小さめにし、ホームも標準化を図ったうえ、可能な限り地下を浅くしコストを抑えたが、地下空間の利用制限があり、やむを得ず深い位置に建設した駅もある。

出入口は周辺の公共施設や民間建築と合築することで、建築費用を削減した。これまで同様、地下に線路を敷設する際は、公園や道路下に建設し、用地買収費用が少なくなるルートを選定している。メインの車庫が、清澄白河駅より１㎞以上離れた木場公園下に建設されたのもこうした理由からである。

環状部は長い距離ながら、一斉に建設工事を行い工期短縮することができた。

このほか、コスト削減には色々苦労があったようだが、年々建設費用が高騰を続け、実際に開通するまでには莫大な費用がかかってしまった。

しかしながら、通常通り地下鉄建設を行った場合、さらなる建設費用がかかったと考えると、この苦労は決して無駄ではないのである。

新宿線と比べると苦労がわかる

こうした苦難の道のりで開通した大江戸線と、オイルショックの影響を受けた新宿線の駅はコスト削減のため、それまでの都営地下鉄の駅とは異なり、苦労が垣間見られる。

新宿線は、岩本町駅が二面四線から二面三線に計画変更となったほか、東京メトロ・半蔵門線と共同によって建設された九段下駅は、のちに壁を取り払い有名になった。

建設当初から経費節減で、簡素な壁で仕切っていたことによるところが大きいのだろう。あまり話題とならないが、住吉駅も建設当初から半蔵門線部分を準備していたほか、森下駅も大江戸線部分を準備して建設されていた。

最初から準備することで、経費節減につながったわけである。このほか、出入口を近隣ビルなどと接続することで建設費用を抑えている。

大江戸線では、さらに掘削費用を抑えるため、建設用の縦構を乗客用通路などに転用す

開業当時からバリアフリーが整備されている大江戸線の駅

る工夫がなされている。大江戸線の駅で、一気に改札階まで接続するエスカレーターや階段が少ないのは、縦構を利用したのが起因している。

ただし、バリアフリー対策として、建設時よりエレベーターが完備されている。

六本木駅が日本一深くなったわけ

日本一深い場所にある駅と言われると、古くはJR総武線の馬喰町駅が思い起こされ、標高の高い駅はJR小海線の野辺山駅だが、現在日本一深い場所にある駅と言えば、大江戸線の六本木駅である。

先に開業した東京メトロ・日比谷線の六本木駅は、浅い位置にホームを構えている。

後発の大江戸線は、この日比谷線を避けて建

日本一深い地下鉄駅である六本木駅

地下鉄の駅の深度

東西線南砂町駅	（東京メトロ最浅）	6.2m
銀座線日本橋駅	（銀座線最深）	10.5m
丸ノ内線赤坂見附駅	（丸ノ内線最深）	11.7m
日比谷線日比谷駅	（日比谷線最深）	18.8m
東西線木場駅	（東西線最深）	22.4m
有楽町線永田町駅	（有楽町線最深）	23.7m
千代田線新御茶ノ水駅		24.3m
副都心線東新宿駅	（副都心線最深）	35.4m
半蔵門線永田町駅	（半蔵門線最深）	36.0m
南北線後楽園駅	（南北線最深）	37.5m
千代田線国会議事堂前駅	（東京メトロ最深）	37.9m
大江戸線六本木駅	（日本最深）	42.3m
キエフ地下鉄アルセナーリナ駅	（ウクライナ、世界最深）	105.5m

（※東京メトロの場合、駅の深さは、駅中心部の地表からレール面まで）

世界初の４心円シールド（泥水式）：シールド工法技術協会提供

設したわけであるが、日比谷線を避けただけでは日本一になることはなかった。

大江戸線・六本木駅を建設するにあたり、日比谷線以外に東京電力の洞道《とうどう》（地下に設けたトンネル）と大型の電力施設があり、これらも避けなければならなかった。

日比谷線の六本木駅は、幅員のある六本木通り地下に駅を設けたが、大江戸線は六本木交差点で交差する外苑東通り地下に駅を建設することになった。交通量の多く幅員の狭い通りの直下であることから、用地が多く必要になる開削工法は断念され、シールド掘削工法による駅建設となった。

特に麻布十番駅寄りの芋洗坂の通りは道路幅員が狭いため、上下にシールドマシンを使用することになり、駅建設部分は世界初となる４心円による工法が行われた。通常のシールドマシンは、円形に削掘するため、トンネル上部に不要な空間ができるが、４心円は必要な部分だけを掘ることができる。

この上下の間隔は３ｍもあることから、深度も含めてかなり難しい工事であったことは容易に想像がつく。

地上部からは想像もつかないうちに完成した六本木駅は、土地柄、金色と黒色を使用したゴージャスな駅と感じていたが、管楽器を表現した真鍮色の金属的なイメージでデザインされている。

ベンチや、現在消えゆく公衆電話台もこの駅用にデザインされた。「ゆとりの空間」にある黒御影石に描かれた作品とともに、利用した際にはぜひ楽しんでもらいたい。

第10章　都営地下鉄の駅のデザイン

——工夫が凝らされたデザインを紹介〈壁面美術芸術、ゆとりの空間など〉

浅草線のデザインの秘密

都営地下鉄1号線が最初に開業したのは、京成電鉄との接続乗り入れ駅となる押上駅〜浅草橋駅間だ。押上駅は京成電鉄との共同駅で、現在では東京スカイツリーに隣接する駅として、多くの利用者で賑わう駅へと変貌を遂げた。

押上駅ホームは二面四線であることに変化はないが、開業当時は駅周辺や出入口、利用者を含め、今と様子は大きく異なっていた。ホーム中央にある階段とエスカレーター、エレベーターはなく、出改札口は、両ホーム端の階段を下ったところにあった。

ホーム中央部に改札口を造った際、京成曳舟《ひきふね》駅方向の改札口が廃止され、連絡階段の機能のみとなった。本所吾妻橋《ほんじょあづまばし》駅方向の地上出入口からは、乗り換えとして都電の押上電停があり、ホームにもその案内が掲示されていた。

1番線ホーム中央付近には、線路に使用する砂利取り線（砂利を運ぶ専用線）への分岐があったが、現在は撤去された。

ホームから側壁を見ると、分岐部が確認できるほか、地上から砂利取り線跡を見ることが可能である。耐震補強が行われ、2番線と3番線の間にある柱間に鉄骨が入るなど、浅草線の中でも、開業当時と大きく変化のあった駅である。

余談ながら、昭和時代の終わり頃まで、出札窓口（駅の切符を販売する窓口。最近では、〝きっぷうりば〟という案内が多い）が健在で、硬券（厚紙でできた切符）による乗車券発売などがされていた。

お隣となる本所吾妻橋駅から浅草橋駅までの4駅は、完全な都営地下鉄による駅であり、密閉的かつ変化の乏しい地下空間において、各駅ホームの色調や、壁面などのタイルのデザインを変えるなど、工夫を凝らしている。

駅間の景色がない地下鉄にとって、各駅のデザインを変えることにより、旅客が誤って目的地以外の駅で降りてしまうことを防止するほか、乗務員による誤案内防止にもなるため、都営地下鉄では開業当初から工夫がなされていた。

駅は開業から年月を経て、度重なる改修が行われ、当時の面影は薄くなったが、時代に合わせた色合いやタイルデザインとしている。

浅草線に限らず、三田線など、昭和に開通した線区においては、エスカレーターの設置が、一部の駅に限られていた。近年はエレベーターの設置などが行われ、駅用地に余裕のない駅には、新たに地上部に土地を収得し、エレベーターが設置された。

新たに用地を取得した駅には、改札口が新たに設置されるケースもあり、駅構内の様子が変化した。自動改札によって遠隔対応も可能になったことから、新たな改札口の設置も実施できるようになった。

各駅のデザインに特徴を持たせる中、開通時期によりデザインの異なっていた出口案内や、乗り換え案内、駅名板のデザインを統一したものに変更し、どの駅で下車してもこれらの案内標で、ひと目でわかるように配慮がなされている。

昭和開業の駅に施された装飾

都営地下鉄の開通が進むにしたがって、色々な工夫を施した駅が多数誕生する。ここでは、昭和の時代に開業した駅に施された装飾について、筆者が気になる駅をいくつか紹介

三田線・巣鴨駅　都電の壁画

しよう。

■巣鴨《すがも》駅

改札階にあるコンコースには、都電の歴史を物語る立派な壁画がある。開業時から都電全盛期が一目でわかる作品で、特に都電５５００形は、一見の価値がある。

現在の三田線は、都電18番系統や35番系統、41番系統を、おおむね引き継ぐ形の経路を走っており、この３つの系統は、巣鴨電車営業所が担当していた。

地下鉄の時代になっても、都電の時代があってこその都営交通という意味では、大切にしてほしい作品である。

新宿線・馬喰横山駅　馬車鉄道の壁画

■内幸町《うちさいわいちょう》駅

通勤で利用しなければ、なかなか立ち寄る機会のない駅のイメージであるが、この駅のコンコースには変わった作品がある（口絵4ページ参照）。

開通当時、廃止が進んでいた都電の車両より、解体部品を型取りしタイルとしたもので、コンコースの壁面に見ることができる。

大小歯車、板バネなど、ひとつひとつ見ていると興味は尽きない。都電の形見とでも言うべきこの作品は、もう少しスポットライトが当てられても良さそうに思う。

■馬喰横山《ばくろよこやま》駅

路面電車ネタの連続で恐縮であるが、こちらもコンコースに、都営交通の礎となった馬車鉄道の壁面作品がある。

新宿線・船堀駅　金魚の壁面画

東大島駅〜岩本町駅間は、新宿線で最初に開通した区間で、馬喰横山駅もその際営業を開始した駅のひとつである。浅草線との乗換駅で利用者も多いため、目にすることがあるかと思う。

作品には、スポットライトも設置されているが、最近は節電のためか点灯していないのが残念である。

■船堀《ふなぼり》駅

新宿線の地上駅では、東大島駅に次いで2番目に開業し、江戸川区の交通網に大きな変化をもたらした。

駅の建設用地には、都営バス・江戸川自動車営業所（のちに、臨海自動車営業所開設のため移転。現在中葛西にある江戸川自動車営業所は、元葛西自動車営業所である）の一部が使用された。

駅舎側壁には金魚の壁面画があり、金魚の日本三大生産地であったことを物語っている。江戸川区内に多数存在した金魚の養殖業者も、時代とともに埼玉県や茨城県などに移転し、現在その跡地は、住宅やマンションに生まれ変わった。

この地で養殖を行う業者も片手で数えるほどまでに減ったが、競《せ》りを取り仕切る養殖組合は存在し、毎年春先に船堀駅からほど近い組合の池で、競り合う声を聞くことができる。

■一之江《いちのえ》駅

新宿線が篠崎《しのざき》まで開通した際に開業した駅で、かつて走っていた都電の今井橋停留所と新中川を隔てた場所に建設された。

建設前は、京成電鉄バスの今井操車場があった。駅前の今井街道には前述の都電、のちにトロリーバスが走っていたが、廃止後はバスのみとなり、地下鉄の開業で大変便利になった地である。

駅名は仮称・春江駅であったが駅の開業直前の昭和61年に、一之江駅となる。地下駅ながら駅ビルとバスターミナルを備え、新たな地下鉄駅前スタイルとなった。駅ビルには、鯉《こい》をあしらった飾りが施されている。

■瑞江《みずえ》駅

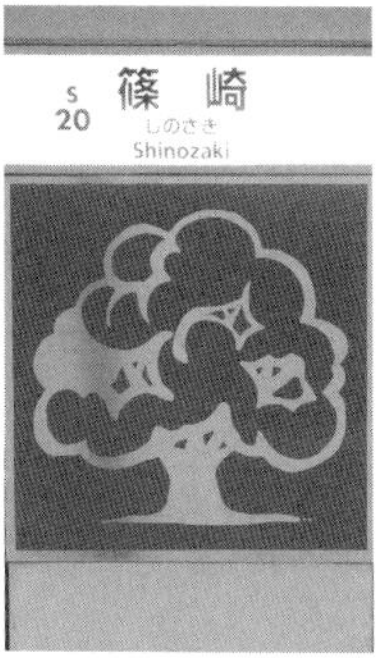

新宿線・篠崎駅　楠の飾り

新宿線・瑞江駅　桜の花の飾り

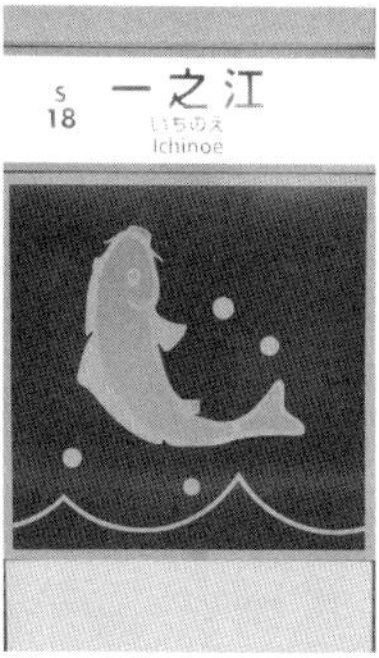

新宿線・一之江駅　鯉の飾り

こちらも篠崎延伸時に開業した駅で、駅ビルを備えバスターミナルも設置されている。開通前の仮称を西瑞江駅としていて、各駅停車が速達列車の待避と列車の折り返しができる設備を持つ駅であったため、開業前の車両の方向幕には〝西瑞江〟がフライングして用意されたが、結局日の目を見ることはなく、瑞江駅と名前が決まり開業した。一之江駅と同様、駅ビルに桜の花を象った飾りを施している。

■篠崎《しのざき》駅

本八幡駅開業前は、この駅での折り返し運転であったので、本八幡駅方向に渡り線を設け、現在の本線上へ引き上げ折り返しを行っていたが、本八幡駅開業の際に渡り線を撤去し、中間駅となった。

こちらも駅ビルに楠《くすのき》をあしらった飾りを施している。普段は何気なく利用している駅であるが、同時開業の三駅でそれぞれの装飾を施しているので、見比べてみるのも面白いかもしれない。

以上、昭和時代開業の駅に施された装飾について簡単に紹介したが、大江戸線環状部開業にあたっては、かなり色々な装飾を施した駅が登場しているので、少し触れていきたい。

大江戸線放射部の駅や環状部の駅のデザイン――全てのゆとりの空間を紹介

新宿線の船堀駅開業以降、駅のあり方が、それまで以上に地元住民などから親しまれやすいものとなるよう、新規に開業する駅構内や、駅舎などへの装飾が行われるようになった。

平成に開業した12号線（大江戸線）に装飾が多いのは、こうした理由からで、先にも話した通り大江戸線環状部では、駅構内も含め、多様な装飾が施されているが、放射部開業においても、色々な装飾が施されている。

12号線放射部の開業にあたっては、各駅の改札内のコンコース部分をレリーフなどで装飾する「ゆとりの空間」が、民間企業などの協力のもと、設置されている。

■光が丘駅

米軍が接収していたグラントハイツ跡地を住宅地として、日本住宅公団（現在のＵＲ都市機構）などによって、ニュータウンが建設され、大きく様変わりした地である。

12号線の最初の開業区間であり、その後に開業する駅のあり方を示したこととなる。この駅の「ゆとりの空間」には、ガラスモザイクタイルによるレリーフに照明を当て、木漏れ日を表現した「太陽と緑」という作品が設置されている。

■練馬春日町駅

地上には、交通量の多い環状8号線があり、住宅地の多い地区である。大理石による彫刻があり、武蔵野地区を立体的に表現した「大根と富士山」をテーマにした作品がある。

■豊島園駅

都心から近い遊園地として人気のその駅名通り、「としまえん」の最寄駅であるが、周囲には住宅地もあり、通勤利用も多い。西武鉄道が長らく来園者輸送に携わっていたが、都営地下鉄が参入することになった。

12号線開業当初は、光が丘駅〜練馬駅間であったことから、地下鉄への旅客移行もあまり見られなかったが、6年後の平成9年、新宿駅開業によって、旅客の流れが変わった駅である。

アルミダイキャストに光ファイバーによるイルミネーションの「けやきと石神井川」をテーマとした作品が見られる。なお、としまえんは令和2年8月に閉園予定で、今後の駅名の取り扱いが気になるところだ。

■練馬駅

放射部の1次開業で平成3年に、光が丘駅とこの練馬駅を結んだ記念すべき駅で、駅ビル構造になっている。

練馬区役所などが最寄りで、区内の中核を担っている。改札内の「ゆとりの空間」には、からくり仕掛けの動くレリーフがあり、「こぶしとつつじと千川上水」と題されている。

■新江古田駅

駅の所在地は中野区となるが、駅舎自体は練馬区とまたがっている。中野区にあるため「しんえごた」としており、練馬区にある西武鉄道・江古田駅は「えこだ」と読み方が異なる。

自動改札頭上には「輪」の装飾があり、「和」をコンセプトとしている。「ゆとりの空間」には、駅内部の工事終了後に設置されたステンレス製の作品がみられる。

■落合南長崎駅

12号線の開業によって、便利になった地域のひとつにあげられるのではないだろうか。駅のカラーとして、緑系の色を多用している。

アルミダイキャスト製の装飾を「ゆとりの空間」に設置し、「文化の家並―窓の向こうに―」と題した。人々が住まう家並みの窓を表現した作品である。

■中井駅

首都高速中央環状新宿線と一体構造としているため、地下に7層もある深い駅となっている。西武鉄道の中井駅とは、近隣ながら接続されていないが同名駅である。

近くを流れる妙正寺川をイメージし、木立の模様を施してある。「ゆとりの空間」には、「自然」と題した大型の陶板製の作品があり、中井にあった泉と、その波紋が広がりひとつに解け合う様に、自然と人との調和を表現している。

■東中野駅

JR中央線と連絡する駅で、高台や木立といった自然の風景を連想させるよう、改札口周辺を中心に石材の乱貼りを施してある。「ゆとりの空間」には、ブロンズ製のレリーフ「遥かなる時が」があり、丘の上を鳥が飛ぶ様子を表現している。

■中野坂上駅

東京メトロ・丸ノ内線との連絡駅で、地下通路で接続している。中井駅と同様の理由で、地下7層構造の深い駅である。コンコースなどに石貼りで神田川の流れを表現しており、「ゆとりの空間」には、「未来への扉」と題したレリーフがある。

■西新宿五丁目駅

開業前の仮駅名は十二社《じゅうにそう》駅であった。西新宿五丁目駅に決定し、副称を清水橋としているので、副称でも十二社は採用されなかった。

「ゆとりの空間」には、大型のタイルを使用したレリーフがあり、「まちと杜の風景」と題し、爽やかな朝の光景を表現している。

■都庁前駅

かつては淀橋浄水場のあった場所で、現在は新宿高層ビル街と、駅名にある都庁のお膝元となる。6の字運転の放射部と環状部が交わるため、二面四線構造で引上線があるほか、複雑な線路配置の駅となっている。

「ゆとりの空間」には、ステンレス鋼とプリズムガラスを組み合わせた、リング状のオブジェが設けられ、「幻想のオアシス〜光の輪〜」というタイトルが付けられている。

以上、大江戸線放射部の駅の様子を簡単に紹介したが、引き続き環状部を見ていく。

大江戸線環状部は、平成9年に練馬駅～新宿駅間開業の際に、その一部となる新宿駅開業に始まり、平成12年4月に新宿駅～国立競技場駅間、そして12月に汐留駅を除く残る部分が開業となった。

汐留駅が2年後に開業し、全ての駅が完成したわけであるが、同時開業とならなかったのは、汐留駅周辺が再開発中であったことによる。

放射部開業の際の駅のコンセプトは引き継がれているので、各駅の「ゆとりの空間」を紹介しよう。

■新宿駅

多くの路線が乗り入れる新宿駅は、都営地下鉄二つ目の駅となった。12号線の開業にあたり、改札口などは新たに設けられ、新宿線とは、連絡通路で往来できる構造となっている。

「ゆとりの空間」は2カ所にあり、新宿線近くの改札口には、ステンレス鋼と色ガラスによる作品、「新宿ビッグバン Shinjuku Big Bang」がある。

代々木方面寄りの改札口には、「ヒューマンレインボウ～Human Rainbow～」と題し、ガラスモザイクとステンレス鋼の鏡面反射を利用した二面一対の作品が展示されている。

■代々木駅

JR線の駅として長らく知られてきたが、平成12年から地下鉄が仲間入りした駅である。お隣の新宿駅と距離があるわけではないにもかかわらず落ち着いた雰囲気だが、新宿駅も高層ビルの建設が進む前は、こちらの感じに近かった。

「ゆとりの空間」には、「杜と鳥たち」のタイトルの作品が展示されている。

■国立競技場駅

JR線の千駄ヶ谷駅に隣接しているが、千駄ヶ谷駅とはならず、国立競技場駅としている。名称に偽りはなく、国立競技場は目の前で、ホームは渋谷区と新宿区にまたがる。

東京五輪では、千駄ヶ谷駅とこの国立競技場駅は大勢の人々で埋め尽くされることだろう。「ゆとりの空間」には、「Advance Global Friendly」と題された作品がある。

■青山一丁目駅

東京メトロ・銀座線、半蔵門線に続く三つ目の路線となる。外苑東通りに沿って地下鉄は進み、銀座線、半蔵門線とは交差する形で建設されている。

「ゆとりの空間」には、「花鳥風月」と題した、日本の四季を抽象的に表した作品が展示されている。

■六本木駅

東京メトロ・日比谷線の駅が六本木通りに沿っているのに対し、大江戸線の駅は、外苑東通りに沿っていて、東京ミッドタウンへのアクセスが良い場所に建設されている。日本の地下鉄の駅として、一番深い場所にホームがある駅で有名だ。

「ゆとりの空間」には、「PRIMAL BEAT」と題された作品が展示されている。

■麻布十番駅

大使館などの多い麻布にあり、昭和時代にヒットした「およげ！　たいやきくん」のモデルとされる甘味処の鯛焼きは有名である。

都電の廃止後は、鉄道に恵まれなかった地であるが、現在は東京メトロ・南北線も走り、事情は大きく変わった。

「ゆとりの空間」には、「明るい空気・4 Bright Air・4」と題する作品がある。

■赤羽橋駅

東京タワーのお膝元と言って差し支えない場所に位置し、桜田通りを越えると芝公園も近い場所にある。「ゆとりの空間」には、「都会のホタル」という作品がある。

■大門駅

JR線の浜松町駅と東京モノレールのモノレール浜松町駅が至近距離にあり、浅草線の大門駅が古くからある。大江戸線の開業にあたり、浅草線とは連絡地下通路が整備され、かつてよりも浜松町駅とのアクセスが向上した。

新設された大江戸線の改札口にある「ゆとりの空間」には、「波のリズム」という作品がある（口絵4ページ参照）。

■汐留駅

地域再開発に伴い、他の駅より2年後に開業した。環状部開通当初すでに、駅施設等の工事はほぼ終了していたが、信号所扱いとし、再開発工事終了後に駅とした。

開業当初は、浅草線との連絡線は開通していなかった。新交通ゆりかもめと連絡駅となっているほか、JR線、東京メトロ・銀座線、浅草線の新橋駅とは地下通路でつながっており、雨に濡れることなく移動が可能である。

「ゆとりの空間」には、「日月星花」と題された作品がある（口絵4ページ参照）。

■築地市場駅

市場が豊洲へ移転後も、駅名は市場のままである。築地のブランドを世界に浸透させた功績を考えると、東京都民としては変わらぬ名であってほしい。

大江戸線は、築地市場跡地のほぼ中央を貫き、隅田川を潜る線形で、東京メトロ・日比谷線・築地駅とは三区画程度離れた場所に築地市場駅がある。

「ゆとりの空間」には、「江戸の浮世絵師たち～面構のうち『浮世絵師勝川春章』『国貞改め三代豊国』」という浮世絵にまつわる作品が展示されている。

■勝どき駅

都電全盛期は、新宿から銀座を抜けて11番系統の電車が、また臨時ながら渋谷から9番系統の電車（運転系統見直しでのちに正式に）が、勝鬨橋《かちどきばし》を渡りやって来ていたが、都電廃止後はバスのみの地域であった。

大江戸線開通で利用者が増加したため、平成31年2月11日に、勝どき駅のホーム増設が行われている。隅田川に架かる開閉橋として有名な勝鬨橋の袂《たもと》にある駅で、都心部に至近距離にあることから、勝鬨橋が開閉していた頃と比べ、大きく変貌した地域でもある。

「ゆとりの空間」には、「海～LIVING SEA」という作品がある。

■月島駅

東京のソウルフードと言われるもんじゃ焼きや佃煮《つくだに》が有名で、下町感の残るこの地域も近年は都市化が進み、空が狭くなってきた。

都電全盛期はこの地を終点としていた系統があったが、廃止後は地下鉄に生まれ変わるまで、随分時間を要した。隅田川に佃大橋が架かるまで渡し舟もあり、古くから多くの人々が生活していた地でもある。

「ゆとりの空間」には、「月と海と人」と題した作品が展示されている。

■門前仲町駅

大江戸線の月島駅～両国駅間は、都電23番系統が走っていたルートを地下鉄に置き換えた形で、清澄通りに沿っている。門前仲町駅では、東京メトロ・東西線と交差し連絡する。

富岡八幡宮が近くにあり、駅名の通り門前の街として栄えている。

「ゆとりの空間」には、「青の模様」と題した作品が展示されている。

■清澄白河駅

清澄庭園が最寄りにあり、東京メトロ・半蔵門線と交差連絡する。木場車両検修場への出入庫線と接続しており、二面三線構造となっていて、当駅始発や入庫の運用がある。

「ゆとりの空間」には、「Technoetic trees」という作品がある。

■森下駅

先に開通した新宿線との連絡駅で、改札を通らずに乗り換えが可能である。新宿線開通時に、早くも12号線との連絡を考慮した設計であったが、12号線がミニ地下鉄となったことなどで、変更を重ねたと聞く。探せば駅構内に、フル規格設計の名残があるかも知れない。

「ゆとりの空間」には、「川舟」というレリーフによる作品がある。

■両国駅

両国には国技館、江戸東京博物館があり、JR総武線と乗り換えが可能である。JR両国駅は、かつて千葉方面へのターミナルとして賑わい、上野駅同様、頭端式（行き止まり式）の列車ホームを配していたが、現在使用可能なホームは一本のみになり、定期列車の入線はなくなった。

大江戸線の両国駅は、JR線のメインとなる改札口とは反対側にあり、印象が薄いが、近年は浮世絵で有名な葛飾北斎の作品を多数展示している「すみだ北斎美術館」も近くに開館し、海外からの旅客も増えた印象だ。

両国と言えば相撲の街であることは今も変わらぬことから、「ゆとりの空間」には、「土俵ぎわ Around the Dohyo」と「KING OF SUMO」の二作品がある。

■蔵前駅

同じ都営地下鉄の浅草線と連絡する駅ながら地下連絡通路はなく、地上での徒歩連絡となっている。

大江戸線の駅は、都電時代の厩橋《うまやばし》停留所付近に設けられている。「ゆとりの空間」には、「光のかたち―雨・花火・街並・灯・川―」が展示されている。

■新御徒町駅

開通当初は、都営地下鉄のみの駅であったが、つくばエクスプレスの開通で乗換駅になり、乗降者が増えた。

「ゆとりの空間」には、「The Metamorphosis of Edo ～江戸の町の変形・変化・変質」が展示されている。

■上野御徒町駅

ＪＲ御徒町駅、東京メトロ・銀座線・上野広小路駅、日比谷線・仲御徒町駅と、連絡駅ながら全て駅名が異なる。

大江戸線の開通によって、三つあった駅が結ばれたことになるが、地下鉄の駅においては、改札外ながら地下通路でつなげられているので、雨に濡れることはない。

現在は、中央通りの地下にも通路が完成したことにより、JR上野駅、京成電鉄・京成上野駅、東京メトロ・銀座線、日比谷線・上野駅にも、地下を通じて往来ができる。

大江戸線上野御徒町駅の「ゆとりの空間」には、「藍―ai」と題した作品がある。

■本郷三丁目駅

東京メトロ・丸ノ内線との連絡駅だが、改札外連絡となっている。坂の多い街であり、丸ノ内線は、次の後楽園駅で一気に高架へ向かうが、大江戸線は、地形に沿って地下線を貫く。

「ゆとりの空間」には、「CROSSING HEARTS」と題する作品がある。

■春日駅

三田線、東京メトロ・丸ノ内線、南北線の後楽園駅と連絡している。前項の本郷三丁目駅は、同名駅ながら完全な改札外の連絡で、こちらは駅名の異なる後楽園駅と連絡改札口を挟み、地下通路でつながっているのが面白いところである。

本郷三丁目駅　作品名「CROSSING HEARTS」

「ゆとりの空間」には、「Sizzling Lives」と題する作品がある。

■飯田橋駅

ＪＲ中央緩行線、東京メトロ・東西線、有楽町線、南北線が乗り入れる駅である。地上に目を移せば、目白通り、外堀通り、大久保通りとが交わる道路があり、渋滞も頻発する交差点がある。

「ゆとりの空間」には、「タイポグラフィーシンボル」と、「風の手触り……・点展てん」と題する各作品を、２カ所の改札口で見ることができる（口絵４ページ参照）。

■牛込神楽坂駅

かつては、都電13番系統の電車が往来していた大久保通りに沿って、大江戸線が開通した。

新宿区内に位置するが、この駅周辺には、北町、岩戸町、箪笥町、袋町など昔ながらの町名が現在もしっかり残っている。

「ゆとりの空間」には、「SAND PLAY 005」と題した作品がある。

■牛込柳町駅

外苑東通りと大久保通りの交差点付近に駅があり、こちらも牛込神楽坂駅同様、昔ながらの町名が残っている地域であり、お寺が多いのも特徴である。「ゆとりの空間」には、「柳町グラフィティー」と題する作品がある。

■若松河田駅

飯田橋駅から若松河田駅までが、都電13番系統のルートに沿って地下鉄が開通した区間で、都電は現在の抜弁天《ぬけべんてん》の交差点から、文化センター通りを走っていた。この文化センター通りは、都電廃止後に一般道路にしたもので、かつては都電の新設軌道であり、文化センターは、大久保電車営業所跡地に建てられた。「ゆとりの空間」には、「石福神」という作品がある。

■東新宿駅

大江戸線開通時は単独の駅であったが、東京メトロ・副都心線が開通し、二つの路線の駅となった。「ゆとりの空間」には、「明日をあなたに Tomorrow for you」がある。

■新宿西口駅

東京メトロ・丸ノ内線の新宿駅と至近であることから、新宿駅としても良い立地であるが、新宿西口駅名に落ち着いた。JR線を挟んで、西武鉄道の西武新宿駅がある。「ゆとりの空間」には、「Crystal Stream ―青の壁」と「水と緑と太陽にふれよう」の二つの作品があり、それぞれの改札口に展示されている。

以上、全ての「ゆとりの空間」を紹介したが、駅構内にも様々なデザインが施されており、大江戸線は見所が多い。

第11章　1日280万人をさばく工夫

進化するホームドア

三田線を皮切りに、安全対策としてホームドアの設置が進み、三田線と大江戸線では全ての駅のホームドア化が完成した。

引き続き新宿線でも設置工事が完了し、残すは浅草線のみとなる。

新規開通の当初から、ホームドアが設置されていた三田線の白金高輪、白金台、目黒の各駅を除き、全ての駅にホームドアを設置することになったのは、列車のワンマン化が実施されたからである。

三田線は浅草線に次ぐ古い路線で、昭和51年に開通した新高島平駅と西高島平駅ほか、昭和40年代に設計された三田駅〜高島平駅間は、ホームの改良が必要で、巣鴨駅での試験設置ののち、各駅の工事が行われた。

前述の新規開通区間である3駅が、東京メトロ・南北線で採用されたフルスクリーンタイプのホームドアであるのに対して、三田駅〜西高島平駅間のホームドアは、近年多くの鉄道事業者が採用して一般的となっているホーム柵タイプとなった。

ホームドアを設置する前提でないホーム設計だから、設置には苦労したことだろう。階段付近は通路が狭くなってしまったりと、無理矢理感のある状況ではあるが、地下空間の限られた面積での改良であるため仕方ない。

安全対策として、ホームドアの設置は非常に有効で、人身事故も減ったと聞く。三田線での設置が良好であることから、同じくワンマン運転の大江戸線でもホームドアの設置が進められ、平成25年に大江戸線全駅で完了している。

引き続き新宿線も設置が進められており、令和元年8月に全駅設置が完了した。三田線、大江戸線、新宿線を走る車両は、いずれも各線ごとのドア位置が統一されており、車両形式の違いでドアの間隔が異なることがないため、ホームドアの導入は問題なく進めることができた。

ところが、浅草線のように乗り入れ他社が多く、車両形式ごとに微妙にドア位置が異なると、ホームドアの設置は難しくなる。

浅草線のホームドア

東京メトロ・有楽町線にホームドアを設置する際、07系が東西線へ転属したのも、こうした理由があったからで、どこでも設置できるわけではないようだ。

こうした問題もふまえて、ホームドア側を改良し、浅草線の大門駅で試験が行われていた。形式情報の入ったバーコードを車両側に貼り、読み取った情報を元に、ホームドアの開閉幅を変化させる方法である。

結果が良好で本採用となれば、浅草線各駅でも設置される日は近いと思われる。ホームドアの設置が進むと、車内からホームにある駅名標が見えづらくなってしまうが、車両の窓位置にあたるホームゲート側に、駅名標のステッカーを貼るなどの工夫が見られるようになった。

東京メトロと一元化されつつある案内表示板

都営地下鉄に限らず、駅構内には駅名板や方面案内、停車駅案内、出入口案内など、数多くの案内表示板が見られ、利用者の道標となっている。特に景色が見えない地下空間は、方向感覚が失われやすいため、重要な役割を担っている。

都営地下鉄では、地下鉄開業前に都電の電車停留所の名称板をはじめ、古くから一部で、書体やサイズ、デザインが決められ使用されてきた経緯もあり、最初の開業である1号線も書体が統一されていた。

しかし、地下鉄の開業が進み時代の変化に伴い、表示板の大きさや開業時期などで書体の変更が行われ、バラつきが見られはじめた。

バラつきが生じた理由には色々あるが、当時は老朽化するまで使用するのが一般的で、新規の仕様に沿った新しい表示板に、全て順次変更するという考えはなかった。

表示板は、作製する業者が入札によって決められることから、開業ごとに異なる業者が担当していたため、のちに旅客案内標識設置基準を設け、統一した表示方法が確立されることになる。

デザインが共通化された案内板

これは、表示板などに用いられる書体を定め、見やすくするほか、同様に地下鉄を運行し共用することの多い東京メトロとも、共通の書体、表示方法とするもので、色や形などにも基準を取り入れ、標準化が図られるようマニュアル化を行ったものである。

五輪に向け、訪日外国人の増加で案内表示板の果たす役割は重要となる。駅のナンバリング化やアルファベット併記など、新しい表示のものに交換されているので、乗車の際は注意して見ていただきたい。

ホームの増設と延伸で、人口増に対応した勝どき駅

平成31年、勝どき駅のホーム増設工事が完成し、築地市場駅方向のホームが新設したものとなり、一面二線から二面二線の駅へと改良された。

島式ホームから同様の改良を施した例として、東京メ

ホームが新設された大江戸線・勝どき駅

トロ・銀座線の新橋駅や日本橋駅など、古い設計の駅の拡張などで同様の方法がとられた。

今回、平成生まれの勝どき駅が増設とは、需要の読みが甘かったのでは？　と思われる節もあるが、無理もない。開通当初の勝どき駅周辺は、海に近いこともあり、造船所、船からの荷役倉庫などが多く見られた。勝鬨橋を挟んで築地側とは装いも異なり、昭和時代の名残りの濃い閑静な街並みであったからだ。

都電の廃止後は、交通の主体はバスで、当時から現在に至るまで運行回数も多い区間である。鉄道利用者は勝鬨橋を越えて、日比谷線の築地駅を利用するか、有楽町線の開通後は月島駅を利用するなどが主な手段であったが、都電廃止以来鉄道のなかったこの街に駅が造られた。大

8両編成化される三田線のホーム

江戸線の開通で非常に便利になったのだ。

都心部に近いこともあり、倉庫などが立ち退くと、広大な土地を利用して、高層マンションやオフィスビルが建設され、一気に勝どき駅の需要が高まった。

現在の東京メトロ・有楽町線の豊洲駅もこれに似た状況で、急激に利用者の増えた駅であるが、こちらは将来、半蔵門線の住吉駅までを結ぶ路線計画があるため、開通時から二面のホームを備えており、増設の予定はなさそうだ。

勝どき駅の場合は利用者増加で、開通から早々ながらホーム増設に至ったわけだが、街の変貌は駅の変化にもつながる例ではないだろうか。

一方、三田線では利用者増加のため、車両の新製を機に一部列車の編成両数を6両から8両に変更することが発表されている。

三田線の走る板橋区内も、近年マンションなどが目立つようになり、利用者の増加により車内が混雑している。駅も8両対応にする工事が必要で、大きく変化するかもしれない。

改修工事とバリアフリーの課題

浅草線開通から、半世紀以上が経過した昨今、最初期に開業した駅は、数度にわたる改良で面目を保っているが、設備面の改良にはどうしても限界がある。

例えば、狭い地上出入口階段に、エスカレーターの設置はできないわけである。さらに、地下部分にある洗面所は拡張が難しく、車椅子対応型に変更するのも困難であったりする。

地上を走る通常の鉄道の場合であれば、駅舎そのものを建て替えてしまえば良いが、地下鉄では難しい。

近年そうした問題をふまえて、初期に開業した駅では、駅周辺の地上部の土地を取得して改札階に至るエレベーターを設置するとともに、ホーム階へ直結するエレベーターを利用できる自動改札のみの新たな改札口を設置する方式を取り入れている。

特に相対式のホームを持つ駅では、この方式は有効で、立坑と通路部分を掘削すること

地上部と地下を結ぶエレベーター（若松河田駅）

エレベーターに直結する自動改札口

ビルに直結している出入口。新宿線・岩本町駅

で、今まで使用している地上出入口部分の大規模改良を伴わない。

利用者の通行を妨げることなく済むので、都営地下鉄に限らず、東京メトロなどでも採用される方式となってきた。

駅の出入口デザイン

ビルなどと複合した場合を除き、地下鉄の駅の多くは、地下に改札口やホームがある。地上で駅の目印となるのは、看板と地下へ通ずる階段だ。

地下へ通ずる階段も、東京メトロ・銀座線の浅草駅や稲荷町駅のように、存在がわかりやすい特徴的なものもあるが、地下鉄の早期発展を優先した時代は、標準設計の場合がほとんどであった。

そうした時代でも浅草線の開業時には、浅草駅や人形町駅など試行錯誤と思われる構造の出入口も見受けられ、ひとつひとつを見ていくと、新たな発見もあったりする。

新宿線を建設する時代になると、歩道上にある地下出入口は、通行の妨げにならないよう、極力用地を確保し建物側に出入口を建設する努力が見られ、歩道上に設置した駅は非常に少なくなっている。

大江戸線を建設する際も、引き続き歩道上へのアプローチは避けられているが、用地の確保が困難な場合はこの限りではない。

大江戸線はデザインでは、それまで以上にパブリックアートに力をそそいでいる。パブリックアートは、公共の空間に設置された芸術作品のことで、ニューヨーク・マンハッタンの「ＬＯＶＥ」は有名な作品である。

都営地下鉄でも、芸術を、身近なものに感じてもらい、その地域の活性化や向上に結びつけ、文化価値を付加する目的で、設置が進められている。

例えば、上野御徒町駅の出入口は丸みのあるデザインで、過去に建設された、東京メトロ・銀座線の上野広小路駅や日比谷線・仲御徒町駅と比べ、大江戸線建設時のものと、ひと目でわかる。

同じ下町にある門前仲町駅では、和テイストの色を使用し、周囲の街並みに合わせたデ

下町の味わいあるデザインの門前仲町駅：Nesnad（CC BY 4.0）

ザインであったり、月島駅では、御影石と白ガラスを使用した「あずまや」風にデザインされている。

もうひとつ隣の勝どき駅では、勝鬨橋を意識した鉄骨構造のデザインで、駅それぞれに特徴を持たせてある。

面白いところでは、新宿西口駅のガラスを多く使用した出入口で、D4出入口は通称「ロミオ」、D3出入口は「ジュリエット」と名付けられており、この愛称を現在知る人がどれほどいるか疑問ながら、出入口に愛称がつけられたのは、この新宿西口駅だけだと思われる。ちなみにこの経緯として、D3出入口とD4出入口が対をなして建設されたことによる。

このほか麻布十番駅では、ガラスの箱をイメー

勝鬨橋を意識した勝どき駅

ジしたデザインの出入口、六本木駅では管楽器のパイプをイメージしたデザインが見られる。大江戸線を利用する際には、ぜひとも出入口のデザインにも注目したい。

防災倉庫と地下駐輪場

平成に入ってから開業した大江戸線の駅は、地下深く天災の影響を受けにくいため開業当初から様々な施設を複合して建設されている。

何度となく出入口との合設が行われている駅に加え、地下部分に駐輪場を備える駅も数多い。駅前の放置自転車が社会問題となり、開業時に設置したわけである。

地下駐輪場は、築地市場駅、勝どき駅、月島駅、清澄白河駅、森下駅、新御徒町駅、春日駅の7駅

新御徒町駅にある地下駐輪場

に設けられた。いずれも地上出入口と地下部分の空間を有効活用することで、用地を確保している。大江戸線以外でも、新宿線の一之江駅や瑞江駅などでも、地下駐輪場を設けており、改札通路へ直結している。

また、清澄白河駅と麻布十番駅には、災害に備えた東京都の地下防災備蓄倉庫があり、毛布や食料などを保管している。災害時に地上の道路が使えない場合、地下鉄輸送するためだ。

駐輪場や防災備蓄倉庫に限らず、地下鉄建設で確保した空間や、地下連絡通路を活用し、店舗などを設置するケースがここ数年増え、地下鉄の駅も変化しつつある。

駅の設備編

エレベーターとエスカレーター

エレベーターの始まり

近年、バリアフリーの観点から多くの駅にエレベーターやエスカレーターが設置されるようになった。設置には義務や基準があるのだろうか。まずはその歴史を見てみよう。

エレベーターの歴史は古く、紀元前の古代ギリシャでアルキメデスが、ロープと滑車で上下するエレベーターを考案していた。以来、様々な改良が行われ、水力や蒸気機関を利用したエレベーターが登場するが、安全面から荷物用として使用されてきた。旅客用エレベーターは、1857年にアメリカ人のオーチスが、ニューヨークの高層ビルに納めたのが世界初で、動力には蒸気機関を使用していた。その後、動力は電気に移行し、日本では明治23年に浅草の凌雲閣《りょううんかく》に直流電動機によるエレベーターが初お目見えした。

地下鉄の駅では、大阪市営地下鉄（現在のOsaka Metro）の谷町線・喜連瓜破《きれうりわり》駅のエレ

開業時に設置された南北線のエレベーター

ベーターが地下鉄駅初とされる。昭和55年11月27日の開業時に、身体障害者団体からの要望を受け設置された。

東京メトロでは、前身となる営団地下鉄が発行した各路線の建設史の中で、平成3年に開業した南北線・駒込駅〜赤羽岩淵駅間で、西ヶ原駅、王子駅、王子神谷駅、志茂駅、赤羽岩淵駅にエレベーターの設置が記されていた。この前年に開通した半蔵門線の三越前駅〜水天宮前駅間の開業時には未設置だったので、東京メトロは南北線以降の建設路線で最初から設置の方針にしたようだ。

開業当初の銀座線・三越前駅：地下鉄博物館提供

エスカレーターの始まり

エスカレーターの開発は、1800年代からアメリカで進められた。

現在のようなステップ状のエスカレーターが登場するのは1900年で、ニューヨーク市の高架駅に設置された。日本では、大正3年に日本橋の三越呉服店（現在の三越百貨店）に設置されたのが最初だったが、大正12年の関東大震災で、最初のエレベーターが設置された凌雲閣とともに焼失してしまった。

日本の地下鉄では、昭和7年に東京地下鉄道（現在の銀座線）・神田駅～三越前駅間開通の際に三越前駅に登場した。エスカレーターがまだ一部の百貨店ぐらいでしか見られなかった時代に、駅への設置は最先端だったに違いない。

利用者を安全に運ぶ仕組み

安全性を高めるエレベーターの仕組みとして、各階の扉とかごの扉が連動し、両方が閉まらないと動かない機能がある。また、最上階と最下階に行き過ぎ検知システムが設置されており、異常を感知すると減速または停止を行う。

表1のようにかごの大きさによって定員が決められているが、11人乗りが一般的である。

エスカレーターは、駆動機《くどうき》からステップチェーンに動力を伝達させる方式で動いている。動力を上部に置いた上部駆動方式と、中間に設置した中間駆動方式がある。比較的簡単な構造で一度に多くの人を運べるため、駅でも多用されている。

安全性にも配慮されており、乗り降りをする際の注意喚起のアナウンスや、衣類の巻き込みを防ぐドレスガードが取り付けられているものもある。ドレスガードは、欄干《らんかん》（手すり）の下部（スカートガード）にブラシ状のパーツを取り付け、スカートガードとステップの隙間に衣服が巻き込まれないよう防止している。

11人乗りの一般的なエレベーター

表1　JIS規格による一般乗用エレベーター寸法（JIS A4301）

記号	積載荷重	最大定員	かごの間口	かごの奥行	かごの高さ	昇降路の最小寸法間口	昇降路の最小寸法奥行	有効出入口寸法幅	有効出入口寸法高さ
	kg	人	mm	mm	mm	mm	mm	mm	mm
p-6-co	450	6	1400	850	2300	1800	1500	800	2100
p-9-co	600	9	1400	1100	2300	1800	1750	800	2100
p-11-co	750	11	1400	1350	2300	1800	2000	800	2100
p-13-co	900	13	1600	1350	2300	2150	2150	900	2100
p-15-co	1000	15	1600	1500	2300	2150	2300	900	2100
			1800	1300	2300	2350	2100	1000	2100
p-17-co	1150	17	1800	1500	2300	2350	2300	1000	2100
			2000	1350	2300	2550	2150	1100	2100
p-20-co	1350	20	1800	1700	2300	2350	2550	1000	2100
			2000	1500	2300	2550	2350	1100	2100
p-24-co	1600	24	2000	1750	2300	2550	2600	1100	2100
			2150	1600	2300	2700	2450	1100	2100

エスカレーターは、勾配と速度が国土交通省告示で定められている。傾斜角度が0〜8度は毎分50ｍ以下、8度超〜30度は毎分45ｍ以下、30度超〜35度は毎分30ｍ以下とされる。通常駅で見かけるのは30度・毎分30ｍが多く、変速装置によりスピードを毎分20〜45ｍに変更できるものがある。例えば高齢の利用者の多い三田線巣鴨駅は、毎分20ｍと低速の設定にし、配慮している。

以前のエスカレーターは、乗り口と降り口でステップが1・5枚分程度が水平となっていたが、乗降の際の安全面から近年では3枚分が水平になる仕様となっているものが多い。

本体周辺や色彩にも、ガイドラインで細かな規定がある。ステップは、端部の色はコントラストを高め、周囲の色と識別しやすくし、四方を縁取りしている。エスカレーター乗降口のくし板は、滑りにくい素材を使用し、色彩等でステップとの境界をわかりやすくすることが望ましい。くし板から700㎜程度の移動手すりを設け、乗降口は高さ800〜850㎜の固定柵を設け乗客の動線とする。

このほか、乗降口への点状ブロック設置、案内板や音声での行先案内もガイドラインに記されている。「ホーム階行きエスカレーターです」といった案内を聞いたことがあるだろう。これも設置の指針とされている。

S1000型乗降口への点状ブロック

エスカレーターを設置する際には、大きな搬入口から小さく分けて搬入し、地下で組み立てて完成させる。

駅が深くなるほど長くなる

エスカレーターは、エレベーターよりも設置が早く、主要な駅では昭和中期から見られた。

丸ノ内線が霞ケ関駅から新宿駅まで延伸された昭和34年3月15日、新設された国会議事堂前駅の赤坂見附駅寄り出入口は　地上から改札のある中2階まで10mの深さがあった。そのためエスカレーターが設置されたが、当時開業した他の駅にはない設備だった。

丸ノ内線に続いて建設されたのが日比谷線だ。昭和36年3月28日に南千住駅〜仲御徒町駅間が開業し、徐々に線路は延伸を続け、昭和39年8月29日の東銀座駅〜霞ヶ関駅間開通で全通した。昭和30年代は、東京初の五輪に合わせて東京の交通網の充実が図られていた頃で、日比谷線もそれまでに間に合わせる使命があった。しかし、同時に五輪会場の整備、東海道新幹線や首都高速の建設も重なり、人手や資材不足に泣かされた。

その日比谷線でも、昭和38年2月28日の人形町駅〜東銀座駅間の延伸の際、東銀座駅に日比谷線として初の、ホームと中2階を結ぶエスカレーターが3基設置された。東銀座駅周辺に歌舞伎座など劇場が多く、乗降客が集まることが予想されたからだ。

さらに翌年開業の日比谷線・霞ヶ関駅でも、エスカレーターが付けられた。同駅は、丸ノ内線と交わるため、地下3階がホームとなったことによるもので、ホームの深度は年々増すようになっていた。

日比谷線に続く東西線では、駅の深度はさらに増すようになるが、エスカレーターの設置駅は茅場町駅と木場駅のみに留まっている。

銀座線、丸ノ内線、日比谷線、東西線が東京の地下を走り回ると、これ以降の路線は、ますます深い位置にホームを設けなくてはならず、徐々に開業と同時にエスカレーターが取り付けられた。

新御茶ノ水駅のエスカレーター

有楽町駅の連絡階段にある
階段昇降機

エスカレーターで有名なのが、千代田線の新御茶ノ水駅。この駅は、メガネ型シールドトンネル駅として建設された。地形の関係で深さは36mになり、地下5階部分にホームを、地下4階部分にコンコース、地下1〜3階を変電所とした。コンコースからは当時の国鉄・御茶ノ水駅聖橋《ひじりばし》口に向けての工事用の斜坑《しやこう》に、長さ41mのエスカレーター4基を設置した。階段のない長大エスカレーターのみの通路は、他に例を見ない構造となった。

これまでエスカレーターのなかった駅にも、改良により取り付けが進められた。既存の階段が広い場合は、階段に併設したが、それでも幅約13mのスペースが必要となるため、上昇用1基のみが一般的だ。階段幅が狭く、併設が困難な場合は、エスカレーター専用の新しい通路を設置することもある。

このほか、エレベーターを設置するのが難しい駅では、ステップ3枚分が並行となる車椅子対応のエスカレーター機を取り付けている。機能性も良く安全面も優れているが、利用時は車椅子モードに切り替えるため、駅係員による操作が必要となる。

設置が難しいエレベーター（南北線の例）

エレベーターを設置する場合は、ホームと改札階（内側）、改札階（外側）と地上の二つが必要だ。そのため、ホームからのエレベーターと地上へのエレベーターが近くにあることが望ましい。

各駅のエレベーターは、ホームの中央、先端など様々な場所にある。駅の設計時からエレベーターの設置を決めている場合は、スペースを確保できるが、後から設置する場合は制約されてしまう。ホームに設置する場合、乗降客の多い場所はなるべく避け、エスカレーターや階段の間付近、改札階は改札口より少し離れた位置を選ぶことが多い。

前にも触れたが、当時の営団地下鉄が新駅開業時点からエレベーターを設置したのは、南北線の駒込駅〜赤羽岩淵駅間からだ。開業時は駒込駅にはエレベーターがなく、当初からあったのは、西ヶ原駅、王子駅、王子神谷駅、志茂駅、赤羽岩淵駅の5駅となる。

志茂駅と赤羽岩淵駅は、ホームの駒込駅方向や階段の間に設置されており、改札を抜けると地上へのエレベーターがそばに見られる。この例が、理想的な設置方法と思われるが、スペースの関係でつねにそのような配置になるとは限らない。

西ヶ原駅は、赤羽岩淵駅方向ホーム先端にエレベーターがある。地下1階の改札からはかなり離れている。もう少し改札の近くにあればと思うが、構内を見ると意外とスペースが少ない。この駅は中央の1カ所に改札口があり、改札を挟んで両方向にホームへの階段やエスカレーターがある。仮にホームの階段とエスカレーターの間にエレベーターを設置してしまうと、改札のある地下1階で動線が交錯してしまう。そのため、ホーム先端位置への設置が最適だった。

ならば地下1階のコンコースを広げれば、と思われるが、地下鉄は地上の道路の下を活用しているため、この駅も本郷通りの直下に設けられている。そのため、スペースは道路幅とほぼ同じで、これ以上の拡張は私有地を買収することとなり、多額の費用がかかってしまう。

さらに、地上へのエレベーター出口も、利用客の利便性が重要となる。この駅の地上エレベーター出入口は、「花と森の東京病院」に隣接する民有地にある。この病院の隣には「滝野川公園」もあるため、エレベーターを必要とするのは、病院に通う車椅子利用者やお年寄り、そして公園に向かうベビーカーを押した家族連れだろう。このように、必要とする利用者を考えた設置が求められる。

JR京浜東北線や都電荒川線と接続する王子駅は、赤羽岩淵駅方向のホーム先端にエレベーターがあり、これをのぼると4、5番出口への改札に出る。JR線への乗り換えは中

「北とぴあ」の前にある王子駅のエレベーター

央改札の3番出口が便利だが、地上へのエレベーターがない。車椅子やベビーカー利用者は改札を抜け、スロープを登り5番出口脇のエレベーターで地上に出ることになる。

ＪＲ線側と反対側に出るのは不便かと思われるが、王子駅の地上エレベーター出口は北区の複合文化施設「北《ほく》とぴあ」の前にある。イベントの際は、ＪＲ線への乗り換えよりも、こちらの方が利用者も多くなるようだ。これも利用者目線での設置と言えよう。

王子神谷駅は、北本通りの真下に地下3階方式で建設された。地下1階が改札のあるコンコース、地下2階が空調機械室、変電室などの電気関係施設、地下3階が相対式のホームで、赤羽岩淵方面、駒込方面の各ホームにエレベーターが設置されている。駒込方面ホームからのエレベーターは、地下1階まで直通せず、地下2階で赤羽岩淵方面ホームからのエレベーターに乗り換えなくてはならない。その理由は地下1階にあり、エレベーターを延長すると、改札外の2番出口通路と交錯してしまうからだ。

ほとんどの地下鉄駅は、地下1階から最下階まで、同じ床面積を維持している。つまり、大きな穴の中を2層3層に区切っているわけだ。これだと最下階からエレベーターを直通しても支障がないように感じられる。しかし、地下1階は地上との出入口である階段を設けなくてはならない。駅は、道路の直下に建設されているので、真ん中は車道部分となり、出入口は設けられないので、駅の壁側に設置を行う。

この王子神谷駅は相対式のため、地下3階部分の壁際にエスカレーターを設置すると、地下1階の出入口と重なってしまうことがあるわけだ。もちろん地上への出入口を違う場所に設置すれば問題はないが、この駅の場合は、2番出口が商業ビルの1階部分にあり、ここからビル敷地内と歩道直下だけを使いコンコースに向かうには、現状のルートしかなかったようだ。地下空間をうまく利用している例で、細長いスペースをいかに活用しているかがうかがえる。

エレベーターが不便な場所にあるわけ

それでは、エレベーターを後から設置することになった駅はどのような状況だろうか。

東洋初の地下鉄として開業した銀座線は、道路を掘って地下空間を造り、蓋をする開削工法が用いられた。そのため、あまり深く掘ることができず、地下鉄の走る線路やホームは地下1階の深さに相当した。このような駅では、ホームを相対式にして各ホームに改札を設け、地上とは階段で連絡をしていた。銀座線の田原町駅や稲荷町駅などはそのような構造の駅で、地上と地下一階改札までエレベーターを設置すれば良いと思われるが、なかなかそう簡単にはいかない。

田原町駅では、既存の改札口のスペースが狭いために、新たにエレベーター専用の改札を設置した。地上部分も浅草通りの歩道部分に設置するのは難しいため、ビルの1階や、私有地を買収してエレベーター専用改札口を建てた。後付けエレベーター設置の難しさがわかる。

開削技術の進展で、これまで以上に深い位置に線路が敷設できるようになると、地下1階をコンコース、地下2階をホームにするのが通例となっていき、さらに路線が増えると、既存路線の下に線路を敷設することとなり、地下3階や4階にホームがある駅も現れた。

地下1階にコンコースを設けた駅は、ホームとコンコースまでのエレベーター設置が容易だが、地上とを結ぶエレベーターは、民有地を活用できる場所が少ないのが実情で、通常の出入口も、道路から離れたビルの間に造られていることが多い。そのためエレベーター専用に私有地を購入したり、場合によってはエレベーター併設の出入口を新設したりすることもある。

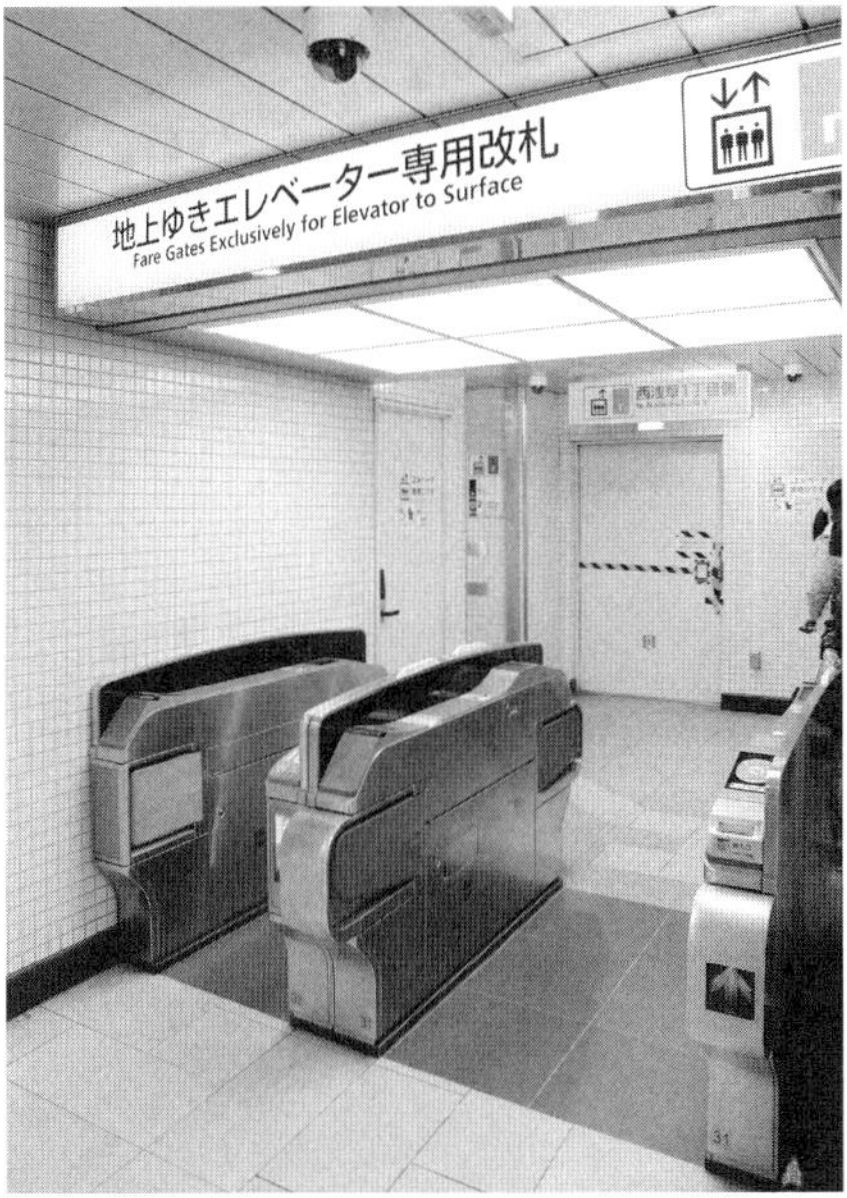

エレベーター専用の改札（田原町駅）

多くの路線が集まるターミナル駅は、新設時から設置したホームと、後から増設したホームが混在しており、動線の確保は容易ではない。日比谷駅などは千代田線と三田線、有楽町線・有楽町駅が同一の地下1階にコンコースを置いているが、千代田線と他の二線を結ぶ動線上に階段がある。スペースが狭いため、車椅子用の階段昇降機が設置されているだけだ。各コンコースから地上へのエレベーターが完備されているので、車椅子やベビーカー利用者は、階段を通るよりも一旦外に出た方が早い。駅を建設した時点では、車椅子やベビーカーを考慮した設計になっていなかったのだろう。

新設駅は、最初から利用者の動向を意識してエレベーターの設置場所が決められるが、後からの工事だと使用できる土地が限られてしまうので、このように最善の場所とは言えないことがある。

このほかの駅の設備

照明

地下駅では太陽光が入ることがないので、照明によって駅の印象が異なってくる。この駅の照明も好き勝手に付けているわけではなく、JIS規格により決まりがあり、設置場所の明るさも細かく記されている（表2）。

これによると、乗降客数により3グループ化され、ホーム（乗降場）や待合室、コンコース、改集札口など、乗客が実際に利用する場所のほかに、駅長室・事務室なども規格の対象範囲になる。表は基準照度なので、これ以上でも問題はないが、省エネルギーの観点から極度な明るさは控える傾向もみられる。

この表に用いられている単位はルクス（略記号lx）で、「1平方mの面に1ルーメンの光束で照らしたときの照度」とされる。少し難しい話になるので簡単に説明すると、満月

照明がゆきとどいたコンコース・改札口

表2　JIS照度基準（JIS Z 9110）

		A級駅	B級駅	C級駅
		1日の乗降客数 15万人以上	1日の乗降客数 1万人以上15万人未満	1日の乗降客数 1万人未満
		単位 lx	単位 lx	単位 lx
旅客関係	コンコース	500	300	
	待合室	500	300	100
	乗降場上家内	200	100	75
	通路・階段	200	100	75
	洗面所	200	100	75
	便所	200	100	75
	車寄せ	100	50	15
	乗降場上家外	15	10	5
窓口関係	改集札口	1000	500	200
	出札口	1000	500	200
	精算窓口	1000	500	
	案内所	500	200	
事務関係	駅長室	500	200	
	事務室	500	200	200

の夜0・2lx、居間全体200lx、教室300lx、教室の黒板500lx以上、デパートの売り場750lx、ドーム球場の内外野2000lx、屋外曇天3万lx、屋外晴天10万lxが大体の明るさの基準だ。駅のコンコースの500lxは、黒板を見る時と同じような明るさなので、料金表やポスターなどもしっかりと見ることができる。

駅の案内表示

駅には様々な案内表示があるが、中でも代表的なのは駅名標だろう。路線ごとにカラーを変えるなど、乗客にわかりやすく表示しているが、これにも決まりがあり、無造作に取り付けているわけではない。

到着する駅名を車内で表示する場合を除き、駅名標には、車内から視認できる高さや、どの位置からも見える配置間隔がガイドラインにより求められている。

では、車内から視認できる高さや位置はどのようなものなのだろう。座席に座っている人と立っている人の双方が駅名標を見る場合、座っている人は窓の高さ以上でないと視認ができない。

「公共交通機関の旅客施設に関する移動等円滑化整備ガイドライン」（国土交通省総合政策

見えやすさが向上した駅名表示板

局安心生活政策課発行）の参考3―1―12には、高さの考え方が図で示されている。それによると、ホーム幅員6mと8mの島式ホームにおいて、座っている人の目線が1175㎜（約1m）、立っている人の目線が1560㎜（約1・5m）だとすると、6mの島式ホームの中心点（ホーム端から3m）で高さ約2・15m、8mの場合の中心点（ホーム端から4m）で高さ約2・3mが適しているとしている。近年では可動式ホームドアが多くの駅に設置されているが、この柵の高さは約1・3mで、窓の3分の1程度を塞ぐが、駅名標の確認には支障がない。駅によってはホームドアの外側に駅名を表示している。

　駅名標には、駅名を漢字、ひらがな、英語で表記し、隣の駅や駅のナンバリングなども表記されている。下部に路線カラーを入れることで、何線の駅なのかもひと目でわかるようにしている。このほか、番線表示や出口方向への案内、トイレの表示、時刻表など、多彩な色やマークを使ってわかりやすく表示をしている。

色のバリアフリー

このようにカラフルな表示だが、使用に注意をしなくてはならない組み合わせがある。それは、色覚異常を抱えている人への配慮だ。特に先天性の色覚異常は、日本人男性の20人に1人の割合で、少ないとは言えない（女性は500人に1人）。

症状としては、赤と黒、赤と緑、赤と茶色、緑と茶色、黄緑と黄色、紫と青、朱色とピンクとの見分けが困難となる。黒の背景に赤い文字を書いても、ただの黒色にしか見えないため、赤を朱色に近い色や、赤い文字を白で縁取りすることで認識できるように工夫する。電車の行先表示や駅の誘導サインなど、黒ベースのものもあるので、文字色などを決める際にはこの点に注意している。

また、高齢者に多い白内障にも配慮をし、青と黒、黄色と白の色彩組み合わせは使用していない。

改札と券売機

駅の改札口で駅係員が切符にハサミを入れたり、回収する光景は、もう昔のものとなってしまった感がある。現在は、自動改札機が置かれ、有人改札はコンコースに1カ所程度しか設けられていない。この自動改札機の幅は通常の通勤路線で55㎝ほどだが、車椅子利用者のために広幅の90㎝自動改札機が必ず1基設置されている。高さは約100㎝で、小学生でも車椅子利用者でもタッチできるほか、大人が通過する際もスムーズな動作となる位置になっている。

切符を買ったり、交通系ICカードにチャージを行ったりする券売機も、高さなどにガイドラインが設けられている。高さは車椅子でも利用が可能とし、主要なボタンは110㎝程度、金銭投入口は110㎝以下とし、さらに硬貨は複数枚投入が可能だ。また、紙幣やクレジットカード投入口は、色彩を変えたりコントラストをつけたりし、識別しやすくしている。

機械化による利便性の向上とともに、使いやすさも追求しなくては、本当のサービスとは言えない。

改札口に並ぶ
自動改札機

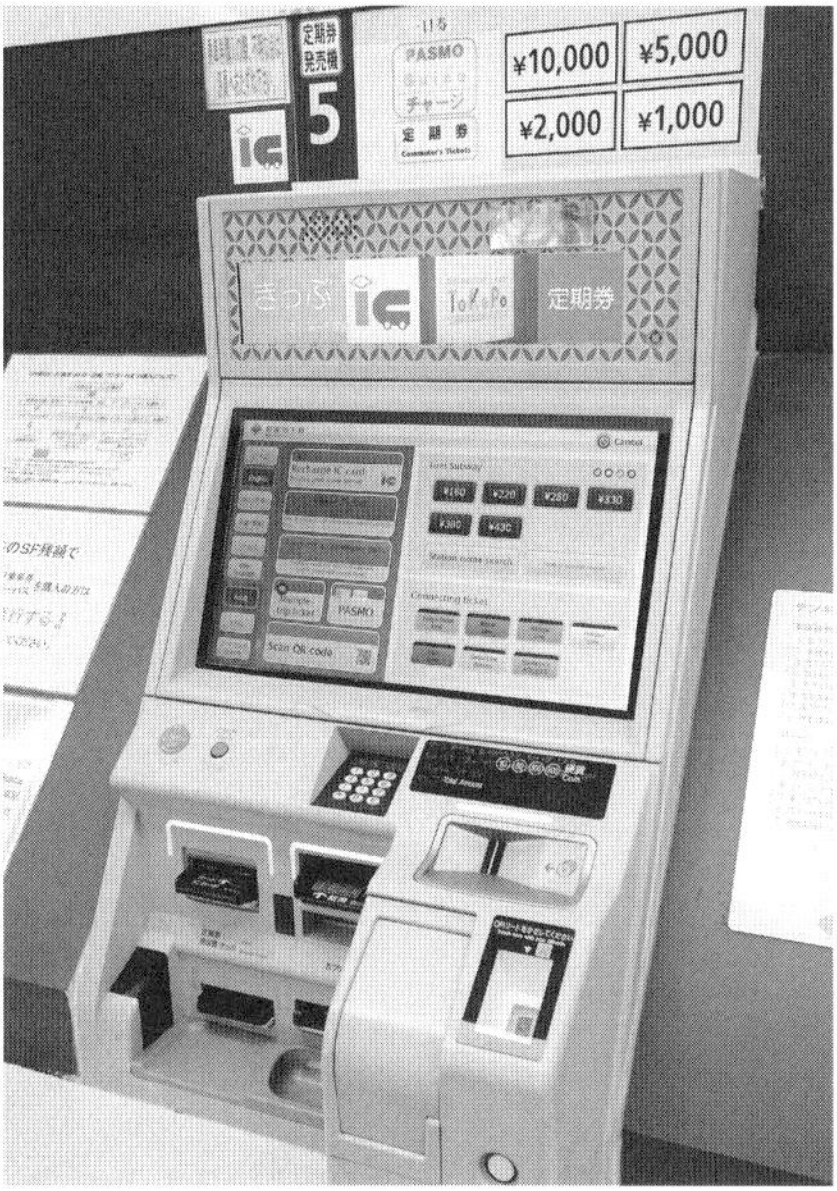

多言語化された新型の
券売機

全国の地下鉄編

これまで、東京都内を中心に走る地下鉄（東京メトロ・都営地下鉄）を紹介してきたが、日本全国の主要都市にも地下鉄が点在している。

我が国の西の都と言われる大阪市（Osaka Metro）をはじめ、京都（京都市営）、神戸（神戸市営）、横浜（横浜市営）、名古屋（名古屋市営）、福岡（福岡市）、北は札幌（札幌市営）、仙台（仙台市）と八カ所ある。

いずれも公営による地下鉄事業者だが、地下に路線を持つ鉄道事業者は、東京急行電鉄（渋谷駅～二子玉川《ふたこたまがわ》駅間）や日本地下鉄協会に加入していない長野電鉄（長野駅～善光寺下駅）などもある。

鉄道を敷く際に、自治体が地形などその土地の事情に合わせて、地上よりも地下の方が有効であろうと考え、建設しているのである。

度肝を抜いた大阪の地下鉄

大阪市営は、昭和8年5月20日に開業した、我が国で2番目に古い地下鉄である。当初は、現在の御堂筋《みどうすじ》線（梅田仮停留場～心斎橋駅間）が開業し、その後も新線開業と延伸を繰り返し、最終的に8路線（137・8㎞）を持つ、東京メトロに次ぐ路線網を誇っている。

開業当初からの心斎橋駅、淀屋橋《よどやばし》駅、梅田駅は大きなアーチ状の天井をしていて、広い構内を照らす照明装置にも、当時のこだわりが見えていて実に格好が良い。駅の柱には、土木学会推奨土木遺産（歴史的土木構造物の保存に資することを目的とした学会が推奨する遺産）を示す銘板が設置されている。

長い間、大阪の都市交通として地域を支えてきた大阪市営だが、平成30年3月31日をもって事業を終了し、翌日の4月1日からは、大阪市高速電気軌道（Osaka Metro）に引き継いでいる。

早速、心機一転として同年12月に御堂筋線の心斎橋駅などの駅の改修に伴い、新たなデザインが発表された。その内容は、誰もが度肝を抜かれるような斬新な色模様で、コンセプトは「テキスタイル」だった。この「テキスタイル」とは、織物の柄のことである。ファッションの発信地として、構内のトンネルが織物に包まれるイメージを表現しているようだ。駅や柱には、ポップな印象のデザインが施されている。その他、淀屋橋駅周辺は歴史的な建物が多く存在するために、照明や柱などにもこだわりを盛り込んでいるのがわかる。

しかしながら、心斎橋駅をはじめ、既成概念からは想像もつかない発想であったため、現代の駅としては時期尚早のデザインだったようだ。

令和元年8月に改めたデザインを発表している。当初とは異なり、かなり落ち着いたデザインとなった。

賛否両論はあると思うが、もし当初のデザイン通りのイメージで心斎橋駅がリニューアルされていたら、世界中からも注目される駅になっていただろう。筆者個人的には、面白いデザインであった。きっとまだ、時代が追いついてきていないのだろう。こういう奇抜なデザインも、受け入れられる公共交通になってほしい。

「度肝を抜かれる」と言えば、Osaka Metroが展開しているハロウィンイベントだ。大阪市営時代の平成27年から続いているもので、令和元年のハロウィンでも開催された。

ハロウィン仕様に装飾された特別列車や、千日前《せんにちまえ》線の野田阪神駅を「ハロウィンテーマパークin野田阪神」として、駅自体をテーマパークのように様変わりさせている。PR動画の演出もこだわって制作されたようで、外国人俳優を起用し、ゾンビ化した大阪メトロの社員などが登場する。コマーシャルを見ているだけでもハラハラドキドキしてしまう。

今後もOsaka Metroの「度肝を抜く」事業計画に、大きく期待したいところだ。

ゴムタイヤ車輪台車（東西線8000形）：札幌市営地下鉄提供

アルミシェルターで雪を防ぐ札幌市営地下鉄

札幌市に地下鉄が開業したのは昭和46年のことで、東京より北に建設された初めての地下鉄である。そのために北国特有の対策が施されており、全国的に見ても注目すべき地下鉄のひとつである。

札幌市営地下鉄は、昭和46年12月16日に南北線、昭和51年6月10日に東西線、昭和63年12月2日に東豊線《とうほうせん》が開業し、現在は48㎞の路線に成長している。

札幌市営地下鉄の大きな特徴と言えば、車両の台車が車輪ではなくゴムタイヤを装着した仕様となっており、これは東京都の「ゆりかもめ」や「日暮里・舎人ライナー」のよう

アルミシェルター：札幌市営地下鉄提供

な「中央案内《あんない》軌《き》条方式《じょうほうしき》」と言う。

通常のような鉄のレールを2本敷いた線路ではなく、走行する路面の中央に案内軌条（1本のレール）があり、それを挟み込むようにして、軌道上を走るというものだ。車体を支えている台車にはゴムタイヤを使用しているため、鉄の車輪よりも粘着性が強く、急勾配での加速性も高い。

札幌の地下鉄は、廃止になった路面電車の置き換えとしても考えられていたために、駅間が短くても加減速に優れるこの方式を取り入れたと言われている。地下を走る区間はもちろん、南北線では廃止鉄道線（旧定山渓《じょうざんけい》鉄道）の施設を一部利用するため、高架線になっている場所（豊平駅～真駒内駅）もあるが、高架区間においては積雪による輸送障害を懸念し、全てシェルターで覆うなどの対策が施されている。

当初はスプリンクラーや熱線などを設置して雪を溶かすなどの対策が考えられていたが、思っていたほどの効果が得られなかったようで、現在のようなアルミ合金製のシェルターが設置された。従来の鉄道の豪雪地帯でも、分岐器などでは見られたが、全高架線でこのようなシェルターが建設されたことは極めて珍しい。

札幌市営地下鉄では、本格的な駅のリニューアル工事に入る予定だ。なお、具体的な構想は未定だが、老朽化の目立つ南北線の駅などから始めていく方針である。すでに一部では、改修が始まっている。

現在、「駅の個性化プロジェクト」と題して、各駅のコンコースや事務所の壁面を装飾したり、地元で応援するスポーツチーム「北海道日本ハムファイターズ」（東豊線・福住《ふくずみ》駅）や、「とうぎんカーリングスタジアム」（東豊線・月寒《つきさむ》中央《ちゅうおう》駅）などの写真パネルを飾っている。

その他の駅でも、地域と連携した情報発信掲示板や、地元小学校生徒が製作した壁画などが設置されている。

札幌と言えば、東京五輪の後に冬季五輪招致を表明している。札幌市営地下鉄も地域を代表する公共交通機関として、新たな思想のもとに、リニューアルを行っていくことだろう。世界的にも類を見ない特徴のあるこの地下鉄を、新たに世界へ発信する時期は近いだろうか。

市民交流の場、仙台市地下鉄

仙台市地下鉄は、東北地方で唯一の地下鉄で、仙台市を中心に泉中央駅〜富沢駅間を結ぶ南北線、八木山動物公園駅と荒井駅を結ぶ東西線の二路線で営業している。

仙台市と言えば、東北で最大の都市。当然ながら人口も多い。そんな仙台市に地下鉄・南北線が誕生したのは、昭和62年7月15日のことであった。

開業以来、長い間この一路線だけであったが、平成27年12月6日に東西線が開業している。いずれも4両編成で運行されており、他社線との相互直通運転は行っていない。本来の都市計画では、合計7路線であったが、現状の2路線（南北線：14・8㎞、東西線13・9㎞）の営業キロに留まっている。

仙台市地下鉄が駅のデザインに力を入れ始めたのは、平成27年開業の東西線からである。特に、地上駅である終端の「荒井駅」には特徴的なデザインが見られる。終端の先は車両基地につながっていることからも、しっかりとした駅舎を構える。広々とした駅前が印象

荒井駅の「せんだい3.11メモリアル交流館」：仙台市地下鉄提供

国際センター駅、地上部駅舎・吹き抜け部分：仙台市地下鉄提供

的だ。開業当初は緑豊かな田園地帯にあったため、その自然と調和しながら、さらに発展していく街をイメージしている。

プラットホームは地下1階に設置しているが、駅の構内1階には「せんだい3・11メモリアル交流館」という東日本大震災の被害を忘れないために常設された交流館がある。

「国際センター駅」も、特徴ある素晴らしい駅である。こちらもプラットホーム自体は地下に設置しているが、地上部分の建物を「市民交流施設」としている。駅舎は大きな吹き抜けを備え、地下と一体化したような空間を演出している。ちなみに仙台市地下鉄・東西線は、福岡市の七隈《ななくま》線、横浜市営のグリーンラインに続く、もっとも新しい地下鉄路線である。

洒脱な横浜市営地下鉄

全国で8番目の地下鉄として、昭和47年12月16日に開業した。最初に開業したのは1号線（伊勢佐木《いせざき》長者町《ちょうじゃまち》駅〜上大岡駅）が部分開業し、現在はブルーライン、グリーンラインの2路線（53・4km）をネットワークしている。

最初に開業したブルーラインは、横浜市が主体となったデザイン委員会が組織され、鉄

上大岡駅の島式プラットフォーム：横浜市営地下鉄提供（上・下開業時資料より）

ハイカラな自動改集札機：横浜市営地下鉄提供

道デザインに定評のある「GKデザイン機構」をはじめ、「柳工業デザイン研究会」、「粟津《あわづ》デザイン研究所」、「創和建築設計事務所」などが担当した。その集団が創作したデザインは、当時としては「未来派」を感じる斬新なものであり、「みなとまちヨコハマ」にふさわしいものとなった。

長い間、ブルーライン（1号線・3号線）のみの運行を続けてきたが、グリーンライン（4号線）が、平成20年に中山駅〜日吉駅間で営業を開始した。

デザインのコンセプトとしては、「カラーユニバーサルデザイン」を採用している。これは、色覚異常の人にもわかりやすく、情報がきちんと伝わりやすいように配慮したものである。

また開業当初は、プラットホームで列車の到着を知らせる照明装置が点灯するなど、他に類を見ない新しい発想で運用されていた。

サインが見やすい名古屋市営地下鉄

1号線（現在の東山線）が、昭和32年に名古屋駅〜栄町駅間で開業したのが始まりである。

現在は、東山線（高畑駅〜藤が丘駅）、名城線〈環状線〉（金山駅〜大曽根駅〜金山駅）、名

ヨリマチ FUSHIMI：名古屋市営地下鉄提供

港線（金山駅〜名古屋港駅）、鶴舞線（上小田井《かみおたい》駅〜赤池駅）、桜通《さくらどおり》線（中村区役所駅〜徳重駅）、上飯田線（上飯田駅〜平安通駅）の6路線93・3㎞を運営しており、一部の路線は名古屋鉄道（名鉄）との相互直通運転を行っている。

近年の名古屋市営地下鉄駅のデザインで話題と言えば、平成28年度末に行われたサインシステムの変更であろう。

ジブリパークの開園や、令和9年を目標に準備が進められているリニア中央新幹線の開業に伴い、国民の移動も含めた交流人口が増えると想定されている。

「乗換案内」、「出口案内」などの利便性を向上させるために、地下鉄・バスを含めた「名古屋市交通局旅客サインマニュアル」が全面改訂された。

従来の駅構内では、全て黒地に白抜き文字の案内板を使用してきたが、各都市の地下鉄などを参考にし、視認性の向上を目的に白背景に黒文字を採用した内照ではないパネル式看板を導入し、また出口方面の案内には、黄背景に黒文字という具合に、用途に合わせて使い分けがされるようになった。

また、路線別のシンボルマークもアルファベットを使用した（東山線＝H、名城線＝M、名港線＝E、鶴舞線＝T、桜通線＝S、上飯田線＝K）と新しいものに改修された。これらのサインシステムは、徐々に浸透しつつある。

令和元年12月11日には、東山線と鶴舞線が乗り入れる伏見駅にて、駅ナカ商業施設「ヨリマチ FUSHIMI」が誕生した。名古屋市営地下鉄として初めての駅ナカ施設となる。

ロゴマークにも力を入れ、「伏見駅が名古屋・栄・大須・丸の内の4つのエリアの中心であることを表現しています。また様々なものが交わり、ここから始まる・発信する場をイメージし、古いものと新しいものが交錯する様を表しています」（名古屋市交通局サイト）と、和の雰囲気が漂う、歴史文化にふさわしい伏見駅を彷彿させるマークが掲げられている。

このプロジェクトは、開業から60年以上経つ名古屋市営地下鉄にとって、大規模なリニューアル工事の一環と思える。

場所は、伏見駅の地下南側コンコースで、物販、飲食、サービスなどの11店舗を備えている。総工費は約20億円。開業日には、名古屋市交通局長が開業セレモニーに出席し「多くの人に楽しんでもらい、街のにぎわいの一助になれば」と期待を込めている。

名古屋の地下鉄で、初めての駅ナカ商業施設が賑わえば、他の駅にもこういった施設が誕生していくかもしれない。

ちなみに伏見という街は、「文化の発信地」とも言われ、周辺には科学館や、歌舞伎や演劇、ミュージカルも楽しめる「御園座《みそのざ》」などもある。

伝統色を取り入れた京都市営地下鉄

京都市営地下鉄の始まりは、昭和56年に開業した烏丸《からすま》線（京都駅〜北大路駅間）からである。

京都はかつて路面電車が多く走り、日本で初めての電車（電動客車）が運行した地であ

京都市営地下鉄開業式：京都市営地下鉄提供

ることは、鉄道好きには有名な話である。

地下鉄・烏丸線は、京都市営の路面電車が昭和53年に全線廃止になった3年後の昭和56年に開業した。現在は、烏丸線（国際会館駅～竹田駅）と東西線（六地蔵《ろくじぞう》駅～太秦天神川《うずまさてんじんがわ》駅）の2路線、31・2㎞を運行している。

また烏丸線は、竹田駅から近鉄・京都線・奈良線との相互直通運転を行い、近鉄奈良駅まで乗り入れ、東西線では京阪京津《けいしん》線の電車が御陵《みささぎ》駅から太秦天神川まで乗り入れている（京都市営地下鉄の車両は、京津線に乗り入れないため、片乗り入れ方式である）。

烏丸線と東西線は、ちょうど十字のように路線が配置されていて、「烏丸《からすま》御池《おいけ》駅」にて相互に乗り換えができる。日本の古都であるため、世界中から多くの観光客が訪れる。

地下鉄建設も、もっと積極的に行われても良いような気はするが、市街地には周辺の阪急や京阪などの大手私鉄も地下へ乗り入れていることや、土地柄「文化財保護法による起工前の遺跡調査」によって、計画段階から様々な協議を重ねて工事を行う必要があることから、現在のところは、2路線に留まっているのも仕方がない気がする。

平成9年に開業した東西線は、東京メトロの南北線に続いて、2例目となるホームドアが設置されている。ホーム天井付近まで仕切りのある「フルスクリーン」タイプで、駅ごとに扉が色別された「ステーションカラー」を採用している。

ステーションカラーは、醍醐《だいご》駅（桜色）、東野駅（藤色）、烏丸御池駅（朱色）となっており、和色彩そのものの伝統が感じられる、京都的な美しさを意識したカラーを取り入れている。ステーションカラーは、ホームドアの色別のほか、例えば西大路御池《にしおおじおいけ》駅の「向日葵色《ひまわり》」などは、改札口付近の壁やタイルなどに採用され、地下ながらも温かみのある空間を演出しているように思える。

京都をイメージするような装飾物などがないのは少々残念だが、令和3年度末に導入される烏丸線の新型車両は、デザイン3案（A：今の地下鉄車両のイメージを継承しつつ新し

決定したB案の地下鉄烏丸線新型車両：京都市営地下鉄提供

さを取り入れたデザイン、B：前面の造形に曲面を多用した、より近未来的なイメージのデザイン、C：京都市電を思い起こさせるデザイン）から京都市民と利用者の投票で、B案「前面の造形に曲面を多用した、より近未来的なイメージのデザイン」に決定した。筆者個人的にはC案が良かった、というのは独り言である。

車内は、「華やかで雅なカラーデザイン」が採用される予定だ。両先頭車両には、「（仮）おもいやりエリア」（車椅子・ベビーカースペース）が設けられ、その床面には「臙脂《えんじ》色」と呼ばれる高級感ある赤色の採用で区別される予定だ。

京都市営地下鉄も、最初の烏丸線の開業から40年を迎えようとしている。新型車両の導入とともに、駅のリニューアルにも期待をしたいところだ。

大きく変わる神戸市営地下鉄

神戸市交通局が運行する地下鉄で、最初に開業したのが西神線《せいしん》（名谷《みょうだに》駅〜新長田駅）。昭和52年3月13日のことだった。

現在は、西神・山手《やまて》線（新神戸駅〜西神中央駅）と海岸線（新長田駅〜三宮・花時計前駅）の2路線、30・6㎞を運行している。また、西神線と山手線は車両もそのまま同形式が使用される、一体運行だ。新神戸駅から谷上《たにがみ》駅までは、北神急行電鉄・北神線との相互直通運転を行っている。

平成13年に開業した海岸線は、東京都交通局の都営地下鉄・大江戸線やOsaka Metro・長堀鶴見緑地《ながほりつるみりょくち》線と同じ、鉄輪式リニアモーター方式を採用したミニ地下鉄を走らせている。

この方式は、線路の中央に、車両を走らせるための磁力パネルが設置されており、車両側に搭載された磁力パネルとの反発や引き合いによって、車両を動かしているシステムである。それゆえに、大きな機器を搭載していないため、トンネルが小さく造られ、車両も小型のものを使用している。

西神線の最初の開業から40年以上経った。平成28年より新神戸駅の、山陽新幹線との改

改修した新神戸駅コンコース：神戸市営地下鉄提供

札を結ぶコンコースにおいて、リニューアル工事が行われた。北改札前付近の4本の柱は、神戸ポートタワーをイメージしたものに変更され、LED照明によるシルエットが効果的な明るい空間になった。

このコンコースは、地下鉄の改札から約130mもの長さがあるが、エリアごとに「旧居留地みなと」、「花と緑のまち」、「異人館と山」というデザインテーマが施されている。デザインを手がけたのは、神戸芸術工科大学である。また、西神・山手線のその他の主要駅もリニューアルを予定しており、案内板やサイン表示などを、柱に大きく掲げるなど、視認性の高い方法に変更される。

車両も、新型車両への置き換えが始まっており、平成30年6月からは開業当初からの車両である1000形・2000形・3000形を全て置き換える

新型車両6000形：神戸市営地下鉄提供

予定で、6000形が登場した。もちろん6000形は、最新の仕様によって省エネの向上やバリアフリーに対応した車両だが、車体正面は丸みのある親しみやすいデザインになっているのが好印象である。

このデザインは、神戸市交通局が構想段階でいくつかの候補デザインを選定し、投票で決定した。西神・山手線は、令和5年度を目途に、全駅でホームドアの運用を予定している。そのことに合わせて新型車両の登場となった。

西神・山手線は、現在6両編成で運行されているが、今後の需要に合わせて8両編成化を行えるように、ホームが使える長さを対応させる準備工事が終了している。ホームドアを設置するタイミングで、増車が行われるかを注目したいところだ。

話は外れるが、神戸市営地下鉄では過去に映画のロケが行われたことがあり、西神・山手線の上沢駅、県庁前駅、三宮駅などが使用された。東京の地下鉄が舞台の設定であったため、案内板は当時の東京メトロに似せたデザインのものに付け替えられた。

かわいいサインの福岡市地下鉄

福岡市の交通局は、他の都市の市営交通とは異なった運営をしている。バスの運行は行っておらず、地下鉄輸送のみだ。

昭和56年に空港線（室見《むろみ》駅〜天神《てんじん》駅）が開業したのを皮切りに、現在は空港線（姪浜《めいのはま》駅〜福岡空港駅）、箱崎線（中洲川端《なかすかわばた》駅〜貝塚駅）、七隈《ななくま》線（橋本駅〜天神南駅）の3路線、合計29・8㎞を運行している。

空港線は、JR九州・筑肥《ちくひ》線との相互直通運転を行っており、福岡市交通局の車両は、通常、筑前深江駅まで路線をのばしている。JRと相互直通運転を行っている地下鉄は、ほかに東京メトロのみで、JR九州の線路上を地下鉄車両が走るのは、非常に珍しい光景に思える。

さて、福岡市地下鉄のデザインの話題と言えば、全35駅に設定された「シンボルマーク」であろう。各駅で、沿線の土地柄をモチーフとしたシンボルマークが定められている。例えば、「祇園《ぎおん》駅」は、博多祇園山笠《はかたぎおんやまかさ》で走る法被姿の若者を可愛らしく表現したイラストがあり、「天神南駅」では、「てんじん様の細道じゃ〜」と歌いながら「通りゃんせ」をして遊ぶ子供をデザインしている。

シンボルマーク：福岡市地下鉄提供

実はこのデザイン、昭和56年の空港線開業の頃に誕生しており、すでに福岡の地下鉄には、お馴染みだったのだ。デザインや製作を担当したのは、福岡市のグラフィックデザイナー・西島伊三雄《にしじまいさお》氏。その後、箱崎線の開業時にも同様のデザイン製作を行ったが、平成17年開業の七隈線でのデザインは、西島氏が他界されていたため、息子の雅幸氏が引き継いで製作された。

各都市で駅ナンバリングが増える中、当初は「福岡の地下鉄は、シンボルマークがあるため不要」という理由で、ナンバリング化は見送られていたが、やはり外国人観光客にわかりにくいという理由で、平成23年3月に導入されている。現在は、シンボルマークとナンバリングで併用表記している。

薬院大通駅の「駅から動物園」装飾：福岡市地下鉄提供

七隈線の「薬院大通駅《やくいんおおどおり》」は、福岡市が運営する動植物園の最寄り駅ということもあり、「駅から動物園」を味わうことのできる装飾が行われている。壁や柱、ホームドアなどにゾウやキリン、ペンギンなどのイラストが多く描かれ、子供たちにも人気の装飾となっているようだ。

また、薬院大通駅・桜坂駅発行の入場割引券、または、地下鉄１日乗車券を持って動植物園に行くと、入園料が２割引になるというお得な楽しみもあるという。そのほかにも、空港線「大濠公園《おおほりこうえん》駅（福岡市美術館口）」は、美術館所蔵の作品で装飾を行い、七隈線「六本松《ろっぽんまつ》駅（科学館前）」は、「科学」に触れられるデザインで装飾されており、テーマカラーである「みどり色」で統一されている。

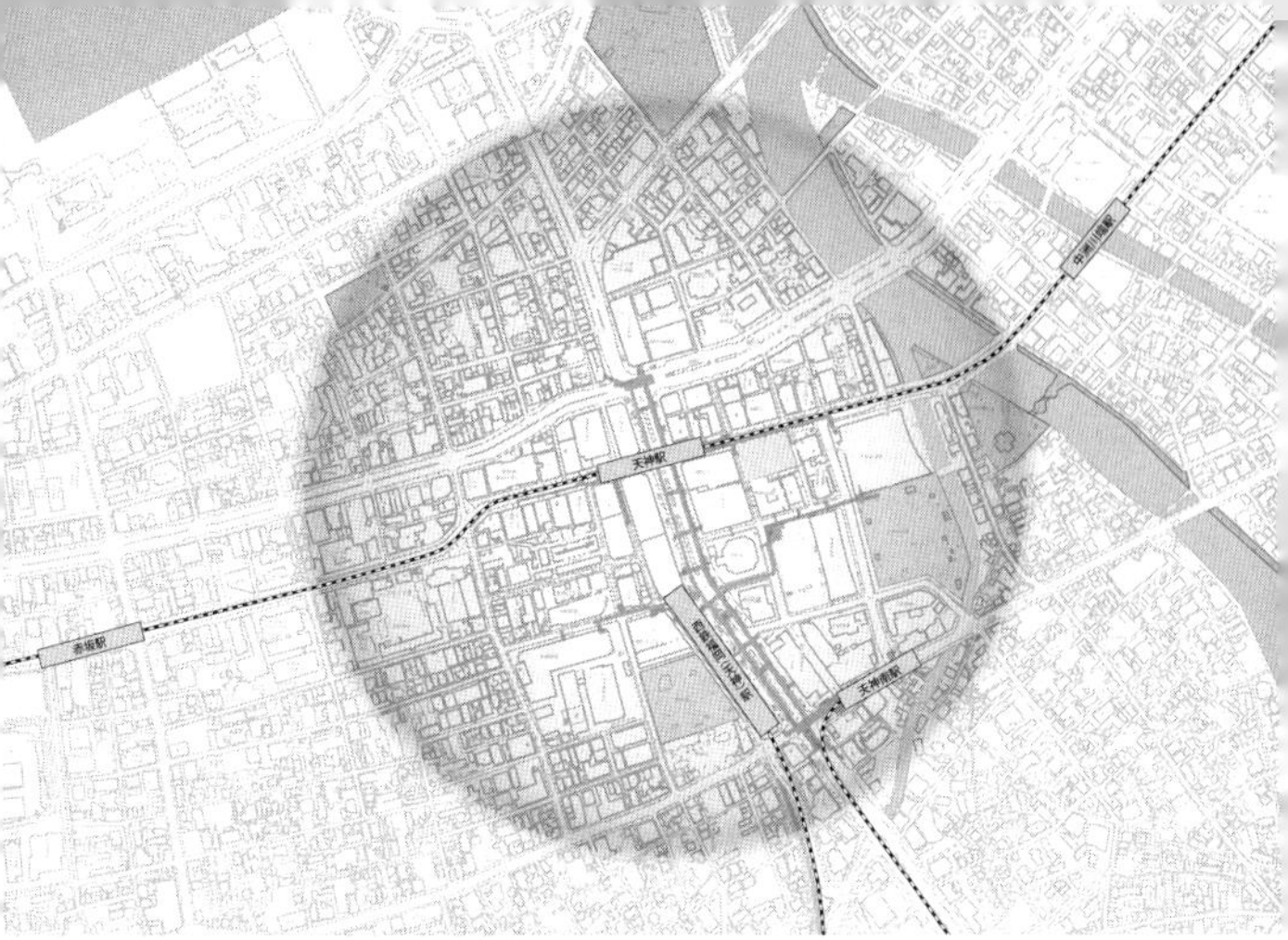

天神ビッグバン開発エリア：福岡市提供

現在は、福岡の中心「天神駅」のリニューアルも進められている。これは、再開発「天神ビッグバン」によるビルの建て替えに合わせて行い、天神駅東側のコンコースのレイアウトを変更する予定である。利便性を向上させるために、エレベーターの増設などによってバリアフリーエリアの拡大を行うものだ。

令和元年に創刊された『FUKUOKA CITY SUBWAY 2019』によると、賑わいスペースの創出とあるので、どのような形になるのか今からとても楽しみである。

福岡は九州最大の歓楽地ということもあり、近隣の北九州とも合わせて、外国人観光客が多く滞在する街である。その重要な交通機関として、今後も新たな取り組みを発信していくだろう。

おわりに

少子高齢化が加速していく現代の日本に、「まちづくり」は大きく変わっていくことになる。都市部の地下鉄駅においても、それは同じことが言える。

なぜならば、「駅」は街の顔、中心と言っても過言ではないからだ。

駅が使いやすくないと、街の住みやすさそのものに関わってくる。

そして、駅は親しみのあるものでなくてはならない。

「駅」を好きにならないと、人が集まらなくなってしまうためだ。

そう、「駅」とは我々にとって、様々な人々が集まる「大きな家」ということになる。

東京では、高度経済成長期に怒濤のごとく多くの地下鉄路線が建設された。ビルの下、川の下にまでねじ込むように設置され、「利用しやすい」という言葉からは、かけ離れた駅もあった。

さらに現代では老朽化が深刻化し、さらなる未来へと、その存在を残していくためにも「リニューアル工事」が進められている。

今までは、乗り換えをするために通り過ぎるだけだった「地下鉄駅」の存在感を、もっと高めようと、電車に乗らずとも買い物をすることを目的とした「駅ナカ」や、訪日してくる外国人旅行者にとってもわかりやすいような「多言語案内表示」、ハンディキャップのある人や高齢者の方にも使いやすい「バリアフリー」に取り組むようになった。

もちろん、様々な人々が利用しやすいように駅を改良していくのは必要だが、そこには「ゆとり」がなくてはならない。それは、人々が生活していく上で感じること、例えば、「あの花が綺麗」とか「いい匂いがする」などの感情である。

特に、都会の雑踏にもまれ続ける都市部の人々にとっては、大切なことであろう。それが、都市部の地下にあれば、こんな幸福なことはないだろう。

昭和2年、東洋初の地下鉄として開業した東京メトロ・銀座線では現在、全駅で抜本的なリニューアル工事が進行中である。東京メトロでは、駅の改装に伴うコンペを行い、良質のデザインを採用している。
駅が居住空間である以上は、地下だからといって息苦しくてはダメだ。外の空間よりも居心地の良い空間でなくてはならない。そして、訪れた人へのおもてなしの心を忘れないでほしい。
今や、地下鉄の駅は単なる機能性だけにとらわれることなく、自由な発想で造り出すことが必要になっている。

Osaka Metroが平成30年に発表した「心斎橋駅」や「堺筋本町駅」などの駅デザインでは、奇抜さが議論を生みだした。あまりの自由な発想に、一部では受け入れることができず、最終的に落ち着いたデザイン案に変更されたが、「駅のデザイン」について、これほど大きな話題になったことは今までなかっただろう。
個人的には、当初の奇抜なデザインの方が楽しみであった。今後の地下鉄駅のデザインに、一石を投じたのは間違いないであろう。

今後も、地下鉄の駅が自由な発想で、さらに良い空間になっていくことを願いながら、良質なデザインがされた駅の誕生を楽しみにしたい。

令和2年5月

渡部史絵

(n.d.). https://www.rei-design.co.jp/Projects/Archives/YokohamaCitySubway.html.
京都市交通局 “地下鉄烏丸線新型車両デザインの決定について.” 京都市：トップページ. (n.d.). https://www.city.kyoto.lg.jp/kotsu/page/0000249592.html.
札幌市. “駅の個性化プロジェクト.” 札幌市. (n.d.). https://www.city.sapporo.jp/st/koseika.html.
主な工事のご案内. (n.d.). Retrieved from https://www.eki-metro.jp/kouji/
神戸市交通局 “市営交通100周年特別企画 市営地下鉄「新型車両デザイン総選挙」.” 神戸市交通局沿線NAVI. (n.d.). https://ktbsp.jp/100th/.
神山純一 “「悪趣味」洗練された？ 大阪メトロが駅デザイン変更案：朝日新聞デジタル.” 朝日新聞デジタル. Last modified August 29, 2019.
長澤まき. “福岡市地下鉄の駅シンボルマークが可愛い！「地下鉄の駅に風景をつくる」. “IRORIO（イロリオ）. Last modified December 4, 2018. https://irorio.jp/nagasawamaki/20181204/505108/.
東京メトロ “ニュースレター｜東京メトロ.” (n.d.). https://www.tokyometro.jp/corporate/newsletter/2019/195651.html.
東京メトロ “千代田線二重橋前駅に副駅名称〈丸の内〉を導入します！.” プレスリリース・ニュースリリース配信シェア No.1｜PR TIMES. Last modified December 15, 2017. https://prtimes.jp/main/html/rd/p/000000305.000020053.html.
日経クロステック（xTECH）. “激混みの南砂町駅、地下広げ２面３線に.” 日経クロステック（xTECH）. Accessed March 18, 2020. https://tech.nikkeibp.co.jp/kn/atcl/knpnews/14/660651/00075/. https://www.asahi.com/articles/ASM8Y3VXNM8YPLFA005.html
日比谷線に虎ノ門ヒルズ駅が誕生します！ https://www.ur-net.go.jp/toshisaisei/press/lrmhph0000015qbk-att/20191111_toranomon_ur.pdf
福岡市交通局. “福岡市地下鉄.” 福岡市交通局. (n.d.). https://subway.city.fukuoka.lg.jp/topics_2/detail.php?id=17.

【ウェブサイト】

東京メトロ“2019年ニュースリリース東京メトロ”(n.d.). https://www.tokyometro.jp/news/2019/203176.html.
“トピックス　地下鉄のサインシステム　まるはち交通センター”(n.d.). https://www.maruhachi-kotsu.com/subline/810topix-sign.html.
“大阪メトロ、心斎橋駅の新デザインを発表”Lmaga.jp. Last modified August 29, 2019. https://www.lmaga.jp/news/2019/08/75242/.
“平成教育委員会”フジテレビ. (n.d.). https://www.fujitv.co.jp/heisei/k03.html.
GKデザイン機構“About.”GK Design Group. Last modified July 3, 2019. https://www.gk-design.co.jp/about/.
GKデザイン機構.“横浜市高速鉄道：サインデザイン ¦ Works.”GK Design Group. Last modified May 22, 2019. https://www.gk-design.co.jp/works/810/.
RE:NOVATION 大手町駅改装工事のご案内. (n.d.). Retrieved from https://www.eki-metro.jp/otemachi/
SANKEI DIGITAL INC.“「山から海へ」誘う 新神戸駅連絡通路のデザイン一新.”産経ニュース. (n.d.). https://www.sankei.com/region/news/150304/rgn1503040042-n1.html.
https://www.city.kyoto.lg.jp/kotsu/cmsfiles/contents/0000246/246747/design_plan.pdf
ニュースリリース｜東京メトロ. (n.d.). 9月12日(金)千代田線 北綾瀬駅「太陽光発電システム」を稼動いたします。Retrieved from https://www.tokyometro.jp/news/2008/2008-47.html
ニュースリリース｜東京メトロ. (n.d.).“銀座線渋谷駅が生まれ変わります！”(n.d.). https://www.tokyometro.jp/news/images_h/metroNews20191028_105.pdf#search=%27渋谷駅＋銀座線%27.
“JRから若者客奪え　東京メトロが「原宿ぅ原宿ぅ」”朝日新聞. http://www.asahi.com/travel/rail/news/TKY201002100211.html
“東京メトロ、「虎ノ門ヒルズ駅」建設現場を公開：日本経済新聞.”日本経済新聞. Last modified August 28, 2019. https://r.nikkei.com/article/DGXMZO49100390Y9A820C1L83000?s=1.
“東京メトロ半蔵門線・丸ノ内線・銀座線に多言語表示を可能にした薄型情報表示システムを受注”日本信号株式会社. http://www.signal.co.jp/spdf/210.pdf#search=%27ハーフエルシーディーエコ%27
押上駅に副駅名「スカイツリー前」を導入します！東武 鉄道株式会社、東京メトロ、京成電鉄株式会社、東京都交通局 https://www.tokyometro.jp/news/2012/pdf/metroNews20120209_01.pdf#search=%27メトロ＋副駅名%27
横浜市営地下鉄.“黎デザイン総合計画研究所｜サイン計画・赤瀬達三”.

環状部26駅の基本デザインと応募デザイン』、東京都地下鉄建設株式会社
東京都地下鉄建設株式会社編(2000)、『駅デザインとパブリックアート:大江戸線26駅写真集:21世紀の地下鉄駅をめざして』、東京都地下鉄建設株式会社

【定期刊行誌】(各号)
『とれいん』エリエイ出版部/『鉄道ファン』交友社/『鉄道ピクトリアル』電気車研究会/『Subway』日本地下鉄協会/『運転協会誌』日本鉄道運転協会

【論文】
大竹哲士、岸本達也(2017)、「鉄道駅におけるエスカレータ上の歩行行動に関する研究」、公益社団法人 日本都市計画学会『都市計画論文集』Vol. 52
公益社団法人 日本都市計画学会『都市計画論文集』各号
鈴木章悦、日比野直彦、森地茂、“都市開発による鉄道駅の混雑状況と施設容量に関する研究”、Vol.15 No.3 2012 Autumn、『運輸政策研究』
土木学会論文集編集委員会、『土木学会論文集』各号
森田泰智、森地茂、伊東誠、2012、“都心の都市開発に伴う鉄道駅の混雑に関する研究”、公益社団法人土木学会

【パンフレット】
7号線後楽園一工区土木工事
江戸散歩歴史コーナー
綾瀬↔北千住開通記念パンフレット
御茶ノ水↔東京間開通記念パンフレット
澁谷線浅草直通記念パンフレット
小竹向原駅〜千川駅間連絡線設置工事について　パンフレット
後楽園一区土木工事パンフレット
千代田線北千住↔大手町開通記念パンフレット
東京メトロ副都心線パンフレット
南北線〈駒込↔赤羽岩淵間〉開通記念パンフレット
南北線駒込↔四ツ谷間開業パンフレット
練馬〜新桜台間、小竹向原〜池袋間開業、新線池袋駅開業パンフレット
延びる南北線(目黒〜溜池山王間建設概要)パンフレット
福岡市地下鉄、福岡市地下鉄令和元年度概要パンフレット
副都心線、開業パンフレット
丸ノ内線全通記念パンフレット
四ツ谷〜駒込間開業記念パンフレット

参考文献

【書籍】
PHP研究所編(2011)、『東京メトロのひみつ』、PHP研究所
東京地下鉄道株式会社(1932)、『三越前神田間地下鉄道建設工事概要』、東京地下鉄道株式会社
篠原力(2011)、『今だから話せる都営地下鉄の秘密』、洋泉社
帝都高速度交通営団(1960)、『東京地下鉄道丸ノ内線建設史』、帝都高速度交通営団
帝都高速度交通営団(1967)、『東京地下鉄道荻窪線建設史』、帝都高速度交通営団
帝都高速度交通営団(1969)、『東京地下鉄道日比谷線建設史』、帝都高速度交通営団
帝都高速度交通営団(1978)、『東京地下鉄道東西線建設史』、帝都高速度交通営団
帝都高速度交通営団(1983)、『東京地下鉄道千代田線建設史』、帝都高速度交通営団
帝都高速度交通営団(1996)、『東京地下鉄道有楽町線建設史』、帝都高速度交通営団
帝都高速度交通営団(2002)、『東京地下鉄道南北線建設史』、帝都高速度交通営団
帝都高速度交通営団(2004)、『東京地下鉄道副都心線建設史』、帝都高速度交通営団
帝都高速度交通営団(2004)、『東京地下鉄道半蔵門線建設史』、帝都高速度交通営団
帝都高速度交通営団・地下鉄7号線溜池・駒込間遺跡調査会［編］(1996)、『地下鉄南北線溜池・駒込間遺跡調査の概要』、帝都高速度交通営団：地下鉄7号線溜池・駒込間遺跡調査会
東京地下鉄・東京メトロ(2014)、パンフレットで読み解く東京メトロ建設と開業の歴史、実業之日本社
東京地下鉄道株式会社編(1934)、『東京地下鉄道史　乾』、東京地下鉄道
東京都交通局 監修、大江戸線建設物語編纂委員会編(2015)、『大江戸線建設物語—地下鉄のつくり方—計画から開業まで』、成山堂書店
東京都交通局(1971)、『都営地下鉄建設史 1号線』、東京都交通局都営地下鉄1号線建設史編纂委員会
東京都交通局(2003)、『大江戸線放射部建設史』、東京都交通局
東京都交通局(2012)、『東京都交通局100年史』、東京都交通局
東京都地下鉄建設株式会社 (1992)、『26駅のデザイン　都営地下鉄12号線

【著者】
渡部史絵（わたなべ しえ）
埼玉県生まれ。鉄道ジャーナリスト。鉄道にまつわる書籍の執筆や監修を手がけ、その魅力を幅広く発信している。著書に『東京メトロ 知られざる超絶！世界』（河出書房新社）、『関東私鉄デラックス列車ストーリー』『首都東京 地下鉄の秘密を探る』（以上、交通新聞社）、『写真で振り返る JRダイヤ改正史』（共著、飛鳥出版）、『譲渡された鉄道車両』『路面電車の謎と不思議』（以上、東京堂出版）などがある。また国土交通省をはじめ、行政機関や大学、各鉄道会社にて講演活動なども数多く行っている。

平凡社新書942

地下鉄の駅はものすごい

発行日——2020年5月15日 初版第1刷

著者——渡部史絵

発行者——下中美都

発行所——株式会社平凡社
東京都千代田区神田神保町3-29 〒101-0051
電話 東京（03）3230-6580［編集］
東京（03）3230-6573［営業］
振替 00180-0-29639

印刷・製本—株式会社東京印書館

装幀——菊地信義

ISBN978-4-582-85942-3
NDC分類番号516.72 新書判（17.2cm） 総ページ268
平凡社ホームページ https://www.heibonsha.co.jp/